JN096108

現代の内部監査

齋藤正章・蟹江　章

（改訂版）現代の内部監査（'22）

©2022　齋藤正章・蟹江　章

装丁・ブックデザイン：畑中　猛

o-19

まえがき

　今，「内部監査」が大きく注目されている。内部監査は戦後しばらくしてわが国に普及した。これを第一の波とすれば，今第二の大きな波が押し寄せているのである。

　その背景には，金融市場の国際化や企業活動の国際化に代表される経済のグローバリゼーションに由来するリスクの増大や企業不祥事の発生に対処しようという企業の積極的な姿勢がある。さらに，内部統制の法制化やコーポレートガバナンス・コードの制定などがこれを後押ししている。もはや，内部監査による組織の引き締めが無ければ，激変する環境下で企業は存続できないという共通認識のもと，内部監査は注目を集めているのである。

　しかし，内部監査は大企業のためだけのものではなく，組織運営を行う上で必須の機能である。そのため，本書では，内部監査の基本的な考え方や歴史を示し，中小企業や非営利組織の内部監査についても取り上げている。

　また，放送教材では，内部監査に造詣の深い各界の方々のインタビューや先進的な企業ならびに非営利組織の取組みを紹介している。組織の外側にいてはなかなか見聞することができない内容なので，大いに活用していただきたい。

　なお，本講座は一般社団法人日本内部監査協会による多大な協力によって制作されている。ここに記して謝意を表明する次第である。

　経営における内部監査のよしあしが組織の成否を左右するといっても過言ではない。そのため，内部監査には「これで終わり」というゴールは存在しない。内部監査の本質は変わらないものの，その手法は組織環

境に適合する形で，常に変化していくものである。そういう意味で本書も現時点の内部監査の1つの形を示したもので，今後さらに深化させていくべきものであると考える。本書が内部監査のあるべき姿についての理解を促す一助になれば幸いである。

　2022年2月

齋藤正章

蟹江　章

目 次

1 | 内部監査の重要性の高まり

齋藤　正章

《学習のポイント》　組織は目的を定めて活動し，その運営が目的に適ったものであったかどうかを事後的に確かめなくてはならない。と同時に，より積極的に事前に，レールを踏み外すことがないような仕組みを作ることが重要である。これらの機能を担う内部監査の意義・内容について解説する。

《キーワード》　経営者の役割，リスク・シェアリング，エイジェンシー関係，情報の非対称性，コーポレートガバナンス，内部監査，経営環境の変化

1. 組織運営のメリット・デメリット

　今日では，営利組織や非営利組織など様々な形態の組織が存在しているが，会社組織を例にあげてみよう。この会社を作る利点，メリットは何であろうか。最大の長所は，一人で立ち向かうには困難な事業でも，複数人が集まれば，その遂行が可能になるということがあげられるだろう。一人では耐えられないリスクでも，組織の構成員それぞれがそのリスクを分担することによって，より大きな目的の達成が可能となる。このリスク・シェアリング機能が組織運営のメリットである。しかし，デメリットもある。組織の構成員にその目標を正しく伝達し，全員がその目標に向かって活動させるのが困難であることである。組織の構成員がバラバラでまとまらないと，その組織はどうなるであろうか。経営者の言うことを理解しないで，自分勝手な行動をとる従業員がいたとしたら，経営者は「自分でやった方が早い」などと思うようになり，組織のメリッ

トを享受できなくなる。どうしたら円滑な組織運営が達成されるのか，本書全体を通じて内部監査という切り口でこの問題を考えていく。

2. 経営者の役割と内部監査

　組織運営における経営者の役割について確認しよう。経営者の役割には組織メンバーの意思決定を支援し，その行動の結果に対して業績評価を行うといった2つの機能があげられる。この2つをうまく機能させることによって組織全体をまとめあげるのである。

　まず，経営者は従業員の活動つまりよりよい意思決定を促すために，業績指標を与える。従業員は代替案の中から業績指標に適う行動を1つ選択し，これを実行に移す。この一連の流れが従業員の意思決定システムであり，経営者は，これにうまく働きかけをして最良の行動選択を促すのである。しかし，選択された行動には環境要因が大きく影響を及ぼすため，努力しても悪い結果になることもあるし，努力しなくても成果が上がることがある。

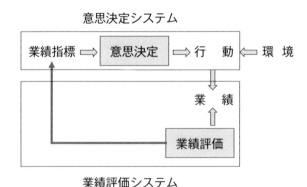

図1-1　意思決定と業績評価

　こうして，従業員の行動選択と環境要因との結合結果が業績となり，業績評価が行われる。これを業績評価システムという。つまり，事後的に生み出された業績と事前の業績指標とを比較して，業績評価を行う（図1－1）。

　したがって，従業員がなすべきことを正しく業績指標として与え，それと業績を比較して業績評価を行う，あるいは業績指標がうまく与えられなかったときは，業績からフィードバックして業績指標の見直しを行うということが重要となる。

　経営者の役割は，このように従業員の意思決定を支援し，業績評価を行い，組織目標を達成することにあるが，この意思決定と業績評価という2つのシステムがいつも円滑に運営されるとは限らない。そこで，内部監査が必要となるわけであるが，内部監査の機能を考えるために，組織運営がなぜいつもうまくいくとは限らないのかについて，エイジェンシー関係と情報の非対称性という観点から組織運営の問題点を考えよう。

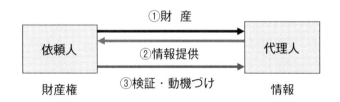

①財　産

依頼人　②情報提供　代理人

財産権　③検証・動機づけ　情報

モラル・ハザード
アドバース・セレクション

図1－2　エイジェンシー関係と情報の非対称性

　図1－2を見てみよう。まず，財産およびその財産の所有権つまり財

産権を有する依頼人（プリンシパル）が存在する。次に専門的知識つまり情報をもった代理人（エイジェント）が存在する。この任す任されるの関係が結ばれるとき，この2人の関係はエイジェンシー関係にあるという。

　依頼人は財産の所有者であるが，専門的知識（情報）が無いためにその知識をもつ代理人に財産の運用を委託する。このように代理人に情報があって，依頼人には情報がない状態のことを情報非対称であるという。情報の非対称性のために，依頼人が代理人に財産の委託を依頼した途端，2人の立場は逆転する。つまり，情報を有する代理人が，その情報を利用することによって依頼人を出し抜く，言い換えれば依頼人の財産を自分のために利用するということが可能となるからである。この情報非対称性に起因する問題は，モラル・ハザードやアドバース・セレクションと呼ばれる。ここで，モラルハザードとは，代理人の怠慢に由来する問題である。依頼人は，代理人の行動を直接観察できないため，代理人の成果に関する情報から，代理人が依頼人の目的に適った行動をとったかどうかを推定する以外に術がない。しかし，前述のように代理人の成果は，努力と環境要因によって規定されるので，その成果を見て努力の投入量を推定するのが困難となる。結果，代理人は「どうせわからないなら」と怠慢な行動を選択するインセンティブをもつのである。

　アドバース・セレクションとは，代理人が虚偽の情報によって依頼人を欺く現象である。例えば，能力に関する情報は代理人に偏在しがちであり，そのためより能力のない者が虚偽の報告によって，より能力のある者を差し置いてしまう場合が起こりうる。代理人が依頼人を選択するように考えられるためアドバース・セレクション（逆選択）という。

　この議論は，いわゆる性善説・性悪説とは違い，情報非対称性がある場合，人は相手の利益よりも自己の利益を優先させる行動をとる可能性

を否定できないことを示している。また，このような代理人の行動は機
会主義的行動と呼ばれる。

　また，エイジェンシー関係，つまりこの任す，任されるといった関係
による問題は普遍的で，古くは，地主と小作人から始まり，現在では株
主と経営者，経営者と従業員，経営者と消費者，患者と医者というよう
に広く存在していることにも注意しよう。

　依頼人と代理人の間に存在する利害の対立を解消するために，依頼人
は，代理人が依頼人の利益を損なっていないことを報告させるようにな
る。また，情報提供を受けるだけでは不十分であるので，これを検証し
たり，あらかじめ裏切らないような動機づけを行うことが重要になる。

　この枠組みを組織内部に当てはめると図1－2は，図1－3のように
なる。

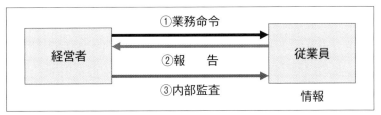

図1－3　内部監査の枠組み

　図の外枠は依頼人（経営者）と代理人（従業員）が同一の組織に属し
ていることを示している。まず，経営者は従業員に業務命令を出す。従
業員は日々現場に出て働いているので，市場の動向や顧客情報などにつ
いて詳しい情報を有している。その情報を利用して組織に貢献する行動
をとることが従業員の使命となる。次に，従業員は与えられた業務の結
果について報告を行う。

　ただし，従業員は経営者の知り得ない現場情報を有しているので，こ

の情報を会社の利益のためではなく，個人的な利益のために利用する可能性を否定できない。そうすると，経営者の役割はうまく機能しなくなってしまう。そこで，従業員が本当に会社の利益のための業務を行うかどうかについて検証したり，事前に動機づけを行う必要がある。これが内部監査である。

　そうすると，従業員の方からは従業員を信頼していないのかとか内部監査を窮屈に感じたりするかもしれない。しかし，記述のように，信じていないのではなく，不測の事態に備える（これをリスク・マネジメントという）ために内部監査の仕組みを組織に埋め込んでおく必要がある。

　むしろ，内部監査とは，経営者の目標達成のために，組織成員を縛りつけるのではなく，動きやすくなるようなルールを策定・明文化し，全員がそのルールに従って行動するように支援するためのものだということを強調したい。したがって，内部監査の仕組みは，普段あまり意識することなく機能しているのが望ましい状態であるといえる。しかし，一旦，事故や不祥事が生じると内部監査の問題がクローズアップされる。多発する企業の不祥事や事故によって内部監査への意識が高まってきているのはそのためである。また，景気変動などの外部要因によって，経営環境の変化が著しい場合にも，これにいち早く対応し，組織の規律を守るためにも内部監査は重要である。

　このように内部監査とは，組織運営にとって本質的な必要欠くべからざる機能なのである。

　次に，経営者が内部監査のために内部監査人や内部監査部門を置く場合を考えてみよう。図１－３は次のようになる。

　ここで，内部監査人とは，経営者に代わってその依頼を受けて内部監査を行う者をいう。

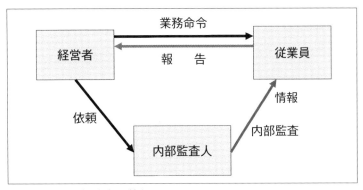

図 1 − 4　内部監査の枠組み

　内部監査人や内部監査部門を置くのは，組織が拡大し，経営者がすべ
ての業務について精通するのが能力的・時間的に困難であるときに生じ
る。当事者が 3 者になると内部監査も複雑となる。

　まず，内部監査人を置く長所であるが，経営者自らが行うよりもきめ
細かい内部監査が可能となる。しかし，短所もある。例えば，内部監査
人と従業員が結託して，怠慢な行動を選択したり，虚偽の報告をするよ
うになるかもしれない。あるいは，経営者と内部監査人が結託して，従
業員にパワー・ハラスメントのような圧力をかけるやもしれない。した
がって，この新しいエイジェンシー関係の中では，内部監査人の役割や
資質が大きく問われることになるのである。このように，内部監査人を
置くことによって様々な内部監査の可能性や問題点が考えられる。これ
については次章以降詳しく考察していく。

3. 内部監査とコーポレートガバナンス

　ところで，内部監査はその歴史的経緯から基本的には経営者のための
ものであるが，経営者が内部監査を活用して組織の規律を保っていると
しても，組織全体としてのその方向性が誤っていると，内部監査が機能
したことにはならない。

　つまり，経営者は従業員を内部監査するが，肝心の経営者自身はどう
なのかということである。例えば，消費者を欺いたり，環境に対する規
制を無視してアンフェアな利益を上げようとする行為は排除されなくて
はならない。そこで，内部監査を適用するにしてもやはり外部の利害関
係者の視点が必要となる。

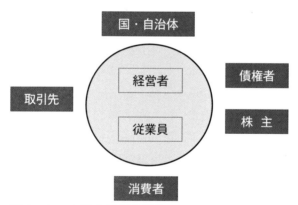

図1-5　企業の利害関係者

　したがって，経営者が従業員を内部監査するように，経営者自身も内
部監査の対象となるのである。これが内部監査の広がりであり，新たに
コーポレートガバナンス（企業統治）という視点が加えられることにな
る。経営者を含めて組織の規律を維持するために「監査」というキー

ワードで，コーポレートガバナンスを整理すると図1－6のようになる。

　これは内部監査の枠組みを示したものであるが，内部監査というときには，経営者が従業員を内部監査する狭義の内部監査（図の枠内）と経営者自身も内部監査の対象となる監査役監査等も含めた広義の内部監査（図全体）の2つがあることを表している。つまり，内部監査とは，これを内部で回すだけでなく，常に外部とのつながりの中で内部監査しなくてはならないのである。

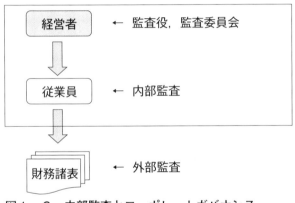

図1－6　内部監査とコーポレートガバナンス

　そうすると，図1－1にある業績指標は，経営者独自の独りよがりな判断によるものではなく，外部監査に耐えうる会計情報から演繹的に設定されることが最重要であることが確認できよう。つまり，経営者と従業員の間の内部監査ももちろん重要であるが，その前に目標設定すなわち何をやらせるべきかという業績指標の設定の方が優先順位が高いということを強調しておきたい。

　しかし，これには経営者の反発も想定される。従業員が内部監査を窮屈であると感じる以上に嫌がるかもしれない。しかし，企業が社会の公

器であることを再認識し，今こそ経営者倫理を発揮すべき時ではないであろうか。企業の成否は経営者の倫理観に左右されるといっても過言ではない。取るべき行動，行くべき道を確認するために内部監査を積極的に利用することが望まれる所以である。

　本書は，前述の内部監査の基本的な枠組みを軸に，様々な切り口から内部監査の本質に迫ろうと挑戦している。具体的には大きく分けて3つの部分から構成される。最初に，内部監査の歴史や監査論，内部統制論との関わりから内部監査を理論的に解き明かす。次に，内部監査の実際という視点から，内部監査の要件や各種の手続き，ケーススタディを紹介する。最後に，内部監査の広がりという切り口で，コンプライアンス，リスク・マネジメント，中小企業や非営利組織の内部監査といった内容を取り扱う。

講義の構成

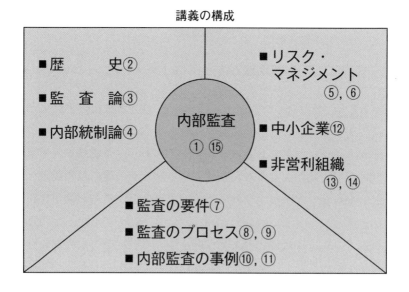

【学習課題】
1．経営者の役割について具体的事例を用いながら説明しなさい。
2．経営者と従業員の関係で内部監査がうまく機能していないとどういう問題が生じるか列挙しなさい。
3．経営者自身の内部監査がうまく機能していないとどういう問題が生じるか列挙しなさい。

参考文献

青木茂男『現代の内部監査（全訂版)』中央経済社，1981年。
蟹江章編『会社法におけるコーポレート・ガバナンスと監査』同文舘，2008年。
齋藤正章『管理会計（四訂版)』放送大学教育振興会，2022年。

2 | 内部監査の歴史と変遷

蟹江　章

《学習のポイント》　本章では，まず，監査という業務の基本的な構造および
機能を把握し，これに基づいて内部監査の構造と機能を理解する。次に，内
部監査人協会および日本内部監査協会が内部監査の普及・発展に果たした役
割を振り返りながら，内部監査の今後の展開について考える。
《キーワード》　ASOBAC，内部監査人協会，日本内部監査協会，内部監査基
準

1. 監査の基本的な構造と機能

（1）　監査が必要とされる条件

　会計監査論の古典ともいうべき文献に，*A Statement of Basic
Auditing Concepts*（ASOBAC；「アソバック」と読む）がある。この文
献は，1972年に公表された，アメリカ会計学会の基礎的監査概念委員会
による研究報告書である。

　この中で，監査（ここでは，特に会計情報の監査）が必要とされる条
件として，次の4点があげられている。すなわち，①利害の対立，②影
響の重大性，③複雑性ならびに④遠隔性である。以下，これらの意味を
簡単に確認しておこう。

①　利害の対立

　情報利用者と情報作成者との間に利害の対立があると，利用者は作成
者が自らにとって都合のよい情報だけを提供したり，不都合な情報を隠

したりするのではないかという疑いを抱き，提供される情報を無条件には信用しない可能性がある。このような場合には，利害関係のない第三者による情報の信頼性の検証，すなわち監査が必要とされる。

② **影響の重大性**

情報利用者が，信頼性の低い情報によって不適切な意思決定に導かれ重大な損害を被る恐れがある場合には，情報利用者は提供される情報の信頼性を確かめるために監査を必要とする。

③ **複雑性**

経済取引やそれを情報に転換するプロセス（例えば，会計プロセス）が複雑になるにつれて，情報利用者は提供される情報の信頼性を直接確かめることが困難または不可能になる。このような場合に，複雑な経済取引や情報作成プロセスに精通した専門家による監査が必要とされる。

④ **遠隔性**

情報の利用者は，物理的な距離，法律的・制度的障壁，時間的・経済的制約などによって，提供される情報の信頼性を直接確かめられない場合には，第三者に依頼して提供される情報の信頼性を確かめてもらう，すなわち監査してもらう必要がある。

このように，情報利用者が提供される情報を無条件で信用できない要因が存在する場合には，専門的知識をもった独立の第三者による客観的な検証機能としての監査が要請されることになる。そして，一般に，監査対象（例えば，情報）の質（例えば，信頼性）を確かめ，これを保証することが監査の本質的な機能と理解されるのである。

（2）　監査の基本的な構造と機能

監査は，基本的に，三当事者の存在によって成立する。例えば，情報を対象とする監査では，情報利用者，情報作成者そして監査の実施者で

　ある監査人という三者が存在することによって成立するのである（図2
－1）。

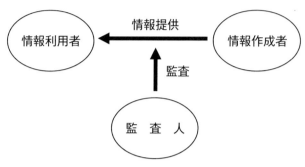

　　　図2－1　監査の基本的構造

　情報利用者と情報作成者との間にASOBACがあげる4つの条件が存
在する場合，情報利用者は，監査人に情報作成者から提供される情報の
質（信頼性）を確かめてもらわなければ，それを信用して利用すること
ができない。

　監査人は，情報作成者に質問したり，記録を調べたりして提供される
情報の信頼性を裏づける証拠を入手し，これに基づいて情報利用者に対
して情報の信頼性についての保証を提供する。このとき，監査人は，客
観的に情報の信頼性を検証できるように，情報作成者と利害を共有せず，
独立した立場を維持しなければならない。さもなければ，監査人による
保証自体が情報利用者に信用されず，監査の対象となった情報に対する
利用者の信頼が高まらないばかりか，場合によっては信頼が損なわれる
ことにもなりかねないのである。

（3）　内部監査の構造と機能
　内部監査の基本的な構造と機能は，一般的な監査と特に異なるところ

はないといってよい。すなわち，内部監査は，情報利用者である経営者，情報作成者としての従業員および内部監査人という三当事者の存在によって成立する。そして，内部監査人は，従業員が作成し，経営者に提供される会計情報の信頼性を検証することを，その基本的な機能として始まったのである（図2－2）。

　経営者は，経営活動の規模・範囲の拡大や活動内容の複雑化にともなって，意思決定のために，従業員によって作成される会計情報を有効に活用しなければならなくなった。このとき，会計情報の信頼性が確保されていなければ，経営者は誤った（不適切な）意思決定に導かれてしまうであろう。このため，従業員が作成した会計情報の信頼性を検証する機能としての内部監査が必要とされるようになったのである。

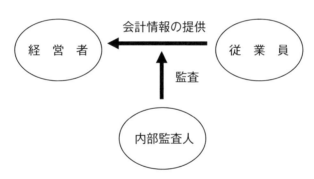

図2－2　内部監査の基本的構造

　内部監査人は，経営者に代わって，従業員が誠実に適正な会計情報を作成しているかどうかを検証し，会計情報の信頼性について保証を提供する。経営者は，内部監査人によって信頼性が保証された会計情報に基づいて，経営上の様々な意思決定を行うことになる。しかし，組織の経営に活用される情報は会計情報に限られないため，内部監査による保証

の対象となる情報は，組織の経営全般に関わるものへと拡張が可能であるし，そうしたニーズが生まれてきても不思議ではない。

　また，経営者は，適切な経営上の意思決定を行い，組織を存続・成長させる責任を負っているが，そのためには，従業員をはじめとする構成員の業務を管理・監督する必要がある。

　しかし，経営者は，時間的・物理的制約によって，個々の業務を逐一直接管理・監督することは難しい。このため，組織内に「内部統制」と呼ばれる仕組みを構築して，従業員の相互チェックと牽制によって，間接的な管理・監督を行うようになった。そして，内部統制の構成要素の一つとして内部監査を置き，内部統制が意図したとおりに有効に機能しているかどうかを監視する役割，あるいは，もし内部統制の機能に問題があれば，それを報告したり改善を図ったりする役割を担わせるようになったのである。すなわち，内部監査は，それ自体が内部統制の一部を構成しながら，内部統制に対するセルフ・モニタリングおよびセルフ・コントロールという機能を果たしているのである。

　このように，内部監査は，単に会計情報の信頼性を保証するだけにとどまらず，経営全般に関する情報の保証，さらには経営に関わるあらゆる業務の有効性や効率性の検証をもその機能としているのである。内部監査が，経営者に代わって経営業務全般の検証に関わる監査として大きく発展した背景には，内部監査人協会，そしてわが国における日本内部監査協会という組織の設立がある。

　以下では，これらの組織の設立の経緯と，内部監査の発展に果たした貢献について紹介しよう。

2. 内部監査人協会の設立と内部監査の展開

（1） 内部監査人協会の設立

　内部監査人のための団体である「内部監査人協会」（IIA）は，1941年9月23日に，ニューヨークのWilliam Clubに17名が参加して設立総会を開催した。同年11月11日には，定款・規程が承認され，同月17日にウォール街120番地において法人が設立された。IIAの設立に際しては，Victor Z. Brink，John B. ThurstonならびにRobert B. Milenの3人が中心となって活動し，このうちThurstonが初代会長に就任した。設立時の会員数は24名（内部監査人23名，学者1名）だった。1941年12月9日にWilliam Clubで第1回の年次会議が開催され，「内部監査と外部監査の連携」というテーマで基調講演が行われた。

　IIAの会員数は，設立翌年の1942年には104名となり，1980年には20,000名，1991年に40,000名と順調に増加してきた。現在，世界の170を超える国と地域に198,661名の個人会員がおり（2021年3月末現在），IIAの設立が量的な面で内部監査の普及・発展に大いに貢献したことを示している。

　現在，IIAの本部はアメリカのフロリダ州にあり，内部監査を専門職として確立すること，内部監査の理論・実務に関する研究や内部監査担当者間の情報交換，内部監査関連文献・資料の配付など，内部監査について世界で指導的な役割を果たしている。また，内部監査の実務基準の策定や，公認内部監査人（CIA）をはじめとする国際的な資格の認定もIIAの重要な活動の一つとなっており，これらを通じて内部監査の普及・発展に貢献しているのである。

（2）　内部監査の展開

①　内部監査の定義

　IIAは，内部監査の量的な面にとどまらず，内部監査の役割・機能といった質における発展にも大きな貢献を果たしている。

　IIAは，1947年に『内部監査人の責任に関する意見書』（以下，『意見書』）を発表したが，その中で内部監査を次のように定義した。

> 　内部監査とは，経営者に対する保護的及び建設的役立ちへの基礎として，会計，財務，その他の諸活動をレビューするための組織体の中での独立的評定活動である。それは，他の種類のコントロールの有効性を測定し評価することによって機能するある種のコントロールである。それは会計及び財務的事項を主に扱うが，業務的性質を持つ事項を扱ってもよい。

　この定義からまずわかることは，内部監査は，経営者にとって役立つことを意図したものだということである。

　ここで，「保護的」というのは，例えば不正や非効率のように経営目的の達成を阻害するもの（これは「リスク」と呼ばれる）が予防，発見あるいは除去されていることを確かめ，経営者に対して保証（アシュアランス）を提供することを意味する。一方，「建設的」とは，助言や提言などを行うこと（コンサルティング）によって，経営者による経営目的の達成を支援・促進することを意味している。

②　内部監査の機能

　組織の中には，その経営目的を達成するために行われる様々な活動を，日常的にコントロールする仕組みである内部統制が設けられる。この内部統制が意図どおりに機能しているかどうかを，それ自体が内部統制の

一部に組み込まれながら，日常的なセルフ・コントロールからは独立した立場で，全般的に評価およびコントロールするのが内部監査である。つまり，組織内には，2つの異なる次元（日常と独立）のコントロールが設けられ，両方のコントロールがそれぞれ有効に機能することによって，経営目的の達成が可能となるのである。こうした体制は，「二重管理機能」と呼ばれる。

　組織の経営においては，活動資金の調達に関わる財務や，活動の成果を記録・要約し経営状態の把握を可能にする会計が極めて重要な機能であり，それらの有効性を検証することは，内部監査にとっても重要である。しかし，前節でも説明したように，組織を存続・成長させるためには，その他の業務の有効性や効率性の確保も不可欠であり，内部監査にとっても重要な監査対象となっていく。

　1957年に『意見書』が改訂された際に，「保護的及び建設的役立ち」は「マネジメントへの役立ち」へと変更された。さらに，その後の改訂では，内部監査の対象を会計や財務に限定するような文言が削除されていくのである。

③　現代の内部監査

　IIAの2017年版『専門職的実施の国際フレームワーク』（IPPF）は，内部監査を次のように定義している。

　内部監査は，組織体の運営に関し価値を付加し，また改善するために行われる，独立にして，客観的なアシュアランスおよびコンサルティング活動である。内部監査は，組織体の目標の達成に役立つことにある。このためにリスク・マネジメント，コントロールおよびガバナンスの各プロセスの有効性の評価，改善を，内部監査の専門職として規律ある姿勢で体系的な手法をもって行う。

　一見すると，1947年の『意見書』の定義と比べて大きく様変わりしたようにも見える。しかし，よく見れば，内部監査の本質的な機能についての理解が変わったわけではないことがわかる。

　「経営活動に価値を付加し，改善する」ことは，経営者の役に立つということであり，「独立で客観的なアシュアランスおよびコンサルティング活動」は，保護的および建設的な役立ちのための独立的評定活動に他ならない。

　また，「リスクマネジメント，コントロールおよびガバナンスの各プロセスの有効性を評価・改善」することは，会計・財務を含む組織のあらゆる活動の全局面を全般的に評価し，改善することなのである。

　IIAは，内部監査の本質的な機能に対する理解を変えることなく，組織およびそれを取り巻く社会・経済環境の変化に対応した定義を提示することによって，内部監査を時代の要請に適応するものとして発展させてきたのである。

3．日本内部監査協会とわが国における内部監査の展開

（1）　日本内部監査協会の設立

　わが国では，1948年に「証券取引法」（現在は「金融商品取引法」と改称されている）が制定され，公認会計士による財務諸表監査が制度化された。

　これにともなって，財務諸表監査を受けなければならない会社において，その受入体制整備の一環として内部監査部門が設置されるようになった。外部監査である公認会計士による監査に対する，補助的な会社内制度として内部監査の実施が要請されたのである。特に，財務諸表監査を試査によって実施するために，監査を受ける会社において内部統制

を整備する必要があった。その主要な構成要素として，内部監査の整備・充実が求められたのである。

　こうした中で，1957年10月に「日本内部監査人協会」が設立された。翌年「日本内部監査協会」に名称が変更され，現在は「一般社団法人日本内部監査協会」となっている。事務局は東京にあり，2021年3月末現在での会員数は，9,413名（法人2,636社，個人6,777名）である。

　日本内部監査協会は，「内部監査及び関連する諸分野についての理論及び実務の研究，並びに内部監査の品質及び内部監査人の専門的能力の向上を推進するとともに，内部監査に関する知識を広く一般に普及させることにより，わが国産業，経済の健全な発展に資すること」を目的としている。そして，この目的の達成を目指して，『内部監査基準』や『内部監査基準実践要綱』などの策定・公表，内部監査に関連する各種研修会等の開催，内部監査に関する資格の認定，監査関連情報・資料の収集・調査・配布ならびに機関誌・専門文献の編集・発行などの事業活動を行っており，わが国における内部監査の普及・発展に大きな貢献を果たしている。

（2）　わが国における内部監査の展開

　わが国における内部監査の発展に対する日本内部監査協会の最も重要な貢献は，『内部監査基準』などの策定によって内部監査の概念および手続を明確化したことにある。

①　『内部監査基準』と内部監査の意義

　日本内部監査協会は，1960年6月に『内部監査基準』を策定・公表したが，その中で，内部監査の意義と目的が次のように記されている。

> 　内部監査は，経営組織内に設置された監査担当者によって最高経営者，部門管理者に奉仕するために行われる。
> 　内部監査は，会計および業務のコントロールが適正，妥当であるかどうかを評定する。
> 　　　(中略)
> 　内部監査担当者は，このような機能をとおして経営管理者のスタッフたるべきものである。したがって内部監査担当者自らが執行活動について指摘や監督を行うものではない。内部監査活動と経営管理者が行う日常活動の指揮，監督，チェックとは明確に区分されるべきものである。

また，内部監査の必要性について，次のように説明されている。

> 　内部監査は，各部門，各機能について，設定された方針，計画，手続の実施状況を全般的視野から検討するとともに，上層の考え方がどの程度に実施部門に徹底しているかを明らかにし，また実施部門の実情を上層に伝え，さらに横の関係も含めて，全般的，統一的観点からコミュニケーションの役目を果たす必要がある。

　ここに示された内部監査の意義，目的および必要性は，基本的にIIAの『意見書』やIPPFに示されている内部監査の定義や機能などと同じである。すなわち，内部監査は，経営者の役に立つことを目的として実施される，独立した立場からのアシュアランスおよびコンサルティング活動であると理解されていたのである。
　『内部監査基準』は，その後数次にわたって改訂されている。2014年に改訂・公表された『内部監査基準』は，内部監査の本質（定義）を次のように規定している。

> 　内部監査とは，組織体の経営目標の効果的な達成に役立つことを目的
> として，合法性と合理性の観点から公正かつ独立の立場で，ガバナンス・
> プロセス，リスク・マネジメントおよびコントロールに関連する経営諸
> 活動の遂行状況を，内部監査人としての規律遵守の態度をもって評価し，
> これに基づいて客観的意見を述べ，助言・勧告を行うアシュアランス業
> 務，および特定の経営諸活動の支援を行うアドバイザリー業務である。

　「経営目標の効果的な達成に役立つ」ことを目的として「独立の立場」
で経営諸活動を評価する，「アシュアランス業務」および「アドバイザリー
業務」（コンサルティング業務）であるという，内部監査の基本的な目
的と機能が維持されていることがわかるだろう。

② 　内部監査実施のガイドライン

　一方，日本内部監査協会は，1982年に『標準的内部監査制度の実践要
綱』を制定した。これは，組織等において，①内部監査の体制づくりに
関して最小限具備されるべき指標となること，②内部監査実施のよりど
ころとして業務の適切なる遂行および改善・向上に役立つこと，③経営
内での内部監査に対する認識と理解を高めることなどを目的とするもの
であり，内部監査実施の体制づくり，内部監査業務の範囲と着眼点，内
部監査の具体的な実施手順などが記述されている。

　こうした内部監査実施のガイドラインとしての性格は，1996年に新た
に制定された『内部監査基準実践要綱』に引き継がれ，現在に至ってい
る。内部監査の実施方法は，元来，それを必要とする経営組織の状況に
応じて任意に決定されるものだが，内部監査の機能が組織等の目標達成
に寄与するだけでなく，経済・社会全体の発展に寄与するためには，一
定の品質が確保されなければならない。『内部監査基準実践要綱』には，
内部監査の品質確保のためのガイドライン（実務指針，実践規範）とし

ての存在意義が認められるのである。

4. 内部監査の進化の行方

（1）　内部監査機能の進化

　かねてより，株式市場への上場に当たっては，「上場審査基準」によって内部管理体制の整備が要求されていたため，上場を希望する会社は内部監査部門を含む体制の整備を行ってきた。しかし，こうした体制整備は上場するために必要な要件ではあっても，上場を維持するための要件とはされていない。このため，上場後に，内部監査部門を廃止する会社もあったといわれている。

　ところが，21世紀初頭にアメリカで起きた大規模な不正会計事件（「エンロン・ワールドコム事件」と呼ばれることがある）によって，世界各国で財務報告の信頼性を確保するための内部統制の整備と運用が制度化されることになった。わが国でも，2007年に『財務報告に係る内部統制の評価及び監査の基準』が制定され，翌年，金融商品取引法（金商法）の下で，「内部統制報告制度」が導入されることになった。その際，内部監査が，内部統制における独立のセルフ・モニタリング機能として位置づけられたことから，金商法の規制を受ける上場会社を中心に，内部監査の整備が急速に進んだのである。

　中でも，金融業界は，金融庁による規制の効果もあり，内部監査を含む内部管理体制が最も進んでいる。金融庁が2014年7月に公表した『金融モニタリングレポート』によれば，特に外国金融機関においては，組織内外で発生した事象をタイムリーかつ継続的に把握するために，「オフサイト・モニタリング」と呼ばれる仕組みを強化し，また，リスク管理分野の専門家，他金融機関の役員経験者などの人材を内部監査部門の

枢要ポストに採用したり，逆に社内で内部監査をキャリアパス（組織内での地位を高めるための経歴）に組み込んだりするといった取組みが見られる。

その一方で，『金融モニタリングレポート』は，内部監査に対する経営者の認識を高めることが今後の課題であると指摘している。内部監査の基本的な機能は，組織全体が，経営者の示した方針に従って，経営目的の達成に向けて有効かつ効率的に業務を行っているかどうかを確かめることにある。金融機関に限らず，内部監査は経営者の役に立つものであるということを，経営者自身が十分に理解する必要があるだろう。このことが，内部監査機能のさらなる進化に推進力を与えるものと考えられるからである。

それでは，内部監査は，今後どのように進化するのか，あるいは進化すべきなのだろうか。それは，本書全体を通して考えていく課題だが，内部監査の進化の行方を探るに際しては，様々な要因の影響を考慮する必要がある。ここでは，次の2点だけ指摘しておくことにしよう。

（2）　企業経営を取り巻く環境の変化

経済活動のグローバル化が進み，将来にわたる経済環境の変化を見通すことがますます難しくなってきた。将来について見通しがきかないこと，言い換えれば，将来における不確実性の増大は，企業に大きなリスクを取ることを迫っている。もちろん，企業が将来にわたって存続・成長するためには，リスクを回避するばかりでなく，時には果敢にリスクに挑むことも必要である。

しかし，今日，リスクは多様化，複雑化，潜在化することによって，認識，評価，対処がますます難しくなっている。また，リスクは連鎖することによって，より深刻な影響を及ぼすこともある。こうした中で，

企業は，負の影響をできるだけ緩和しつつリスクに挑む必要があり，そのためには，的確なリスクの評価・分析と対応が不可欠となる。このため，内部監査に対する期待が，ますます高まることが予想されるのである。

（3）　コーポレートガバナンスに関わる議論

　2014年の会社法改正と翌2015年のコーポレートガバナンス・コードの策定によって，企業はコーポレートガバナンス体制の一層の整備・充実を求められることとなった。特に，企業は，社外取締役を選任し，有効に活用するための体制づくりを求められることになったのである。

　社外取締役は，自ら企業の経営業務を執行するのではなく，「指名委員会等設置会社」の監査委員会または「監査等委員会設置会社」における監査等委員会の委員として，経営業務執行者によって行われる業務を監査および監督するという役割を期待されている。監査役会の場合とは異なり，監査委員会および監査等委員会の委員には常勤者の選定が要求されていない。このため，実質的に監査業務を遂行するスタッフが不可欠となり，内部監査に対して，この機能を担うことが期待されるのである。

　わが国の内部監査は，従来，社長などの業務執行責任者に直属し，業務執行責任者のために監査を行うものとされてきたし，実際，多くの企業でこのような実態にある。しかし，内部監査が監査委員会ないし監査等委員会のスタッフとしての機能を担うことになれば，内部監査は業務執行責任者のための監査から，業務執行責任者を対象とする監査へとその本質を変えることになるのである。

【学習課題】

1．内部監査の基本的な構造と機能を整理しなさい。

2．内部監査の定義の変遷を整理しなさい。

3．内部監査の機能と経済社会の動向を考慮して，内部監査の進化の方向性について考えなさい。

参考文献

青木茂男監訳, 鳥羽至英訳『アメリカ会計学会 基礎的監査概念』(国元書房) 1982年。

一般社団法人日本内部監査協会編『改訂「内部監査基準」解説』一般社団法人日本内部監査協会，2015年。

一般社団法人日本内部監査協会ホームページ：http://www.iiajapan.com

3 | 内部監査と法定監査

蟹江　章

《学習のポイント》　本章では，わが国で法令によって実施が義務づけられている，いわゆる「法定監査」の意義や目的を把握するとともに，内部監査が法定監査に対してどのような関わりをもつのかを理解する。
《キーワード》　法定監査，任意監査，財務諸表監査，会計監査人監査，内部統制監査，会社法監査

1. 監査の分類

　監査は，その対象，監査実施者（監査人）の位置づけ，実施の根拠などによって，様々に分類することができる。

　例えば，監査の対象の違いによって，会計監査，情報監査，業務監査などに分けられることがある。また，監査人の位置づけの違いによって，内部監査と（独立）外部監査といった分類もできる。この場合，内部監査は，組織の内部者が監査人となって実施する監査であり，（独立）外部監査は組織から独立した立場にある監査人が実施する監査である。

　監査は，それが実施される根拠によって，法定監査と任意監査に分けられることもある。法定監査は，法令が組織に対して監査を受けることを義務づけているために実施される監査である。これに対して，任意監査は，組織が必要に応じて自発的に実施する監査である。

　こうした分類によれば，内部監査は，組織の内部者（通常は，当該組

織の構成員）である監査人によって実施される，文字どおりの内部監査
であり，法令によって実施が義務づけられていない任意監査である。そ
して，それは，会計を含む組織の業務全般をその対象として実施される。
　これに対して，金融商品取引法（金商法）に基づく「財務諸表監査」
や会社法上の「会計監査人監査」は，公認会計士（または監査法人）と
いう企業などの組織から独立した職業的専門家によって実施される，独
立外部監査である。そして，それらは，それぞれの法律によって，特定
の株式会社に対して実施が義務づけられる法定監査である。公認会計士
は会計の専門家であり，会社等が外部に公表する会計・財務情報を対象
として，会計（情報）監査を実施するのである。
　法定監査には，公認会計士のような職業的専門家ではない者によって
実施されるものもある。会社法は，大規模な株式会社に対して，監査役
（会），監査委員会または監査等委員会による監査の実施を義務づけてい
る。これらの監査は，取締役ないし執行役が行う経営業務を対象として
実施される。
　本章では，任意監査としての内部監査の意義や機能，ならびに法定監
査の内容などを概観することにしよう。

2.　任意監査としての内部監査

（1）　ソフトローによる内部監査

　内部監査は，法令によって実施が義務づけられているわけではなく，
組織が自ら必要と認めて自発的に実施する任意監査である。したがって，
何を監査の対象とするか，どのような監査手続を適用するか，監査の結
果をどのように，そして誰に報告するかなどは，基本的に組織が任意に
決定すればよい。

　しかし，任意監査といえども監査である以上，一般的な監査の論理と矛盾するような内容では効果が上がらないばかりか，場合によっては，経営業務の有効性や効率性を損なうことにもなりかねない。また，組織の経営業務に対する，利害関係者の信頼を損なう恐れもある。こうした問題を防ぐために，例えば，内部監査人協会（IIA）が策定・公表する『専門職的実施の国際フレームワーク』（IPPF），あるいは日本内部監査協会の『内部監査基準』や『内部監査基準実践要綱』などに基づいて，各社において内部監査規程を制定するなどして，適切な監査手続の実施や監査結果の報告に関する体制を整備する必要がある。

　近年,「ソフトロー（soft law）」という言葉を見聞きするようになった。これは，「ハードロー（hard law）」に対する概念であり，権力による強制的な規制力のある成文法のような法令（ハードロー）とは異なり，権力による強制力はもたないが，従わなければ社会的・経済的に不利益を被ったり，不利な状況に陥ったりする恐れのあるルールをいう。IPPFや『内部監査基準』は，ソフトローとして内部監査のあり方を規定するものであるといえよう。

　また，証券取引所の「上場審査基準」や「上場規程」もソフトローである。会社は，これらのルールに従わなくても経営活動を続けることができる。しかし，これらのルールに従わなければ，上場を認められないかまたは廃止されることによって，経済的に不利な状況に置かれる恐れがある。東京証券取引所への上場審査基準では,「内部管理体制」の整備・機能の状況が上場審査の内容の一つとなっており，この中に内部監査が含まれると解釈されている。また，東京証券取引所は，2015年6月から，上場規程の一部として「コーポレートガバナンス・コード」を適用しているが，この中でも内部監査に言及されている。あくまでも任意監査であるとはいえ，上場会社には，ソフトローである上場規程によって，内

部監査部門の設置と内部監査の実施が求められているのである。

（２）　法定監査を支える内部監査

　2008年4月から，金商法の下で，いわゆる「内部統制報告制度」が導入されている。この制度は，上場会社などの経営者に，財務報告に係る内部統制の整備・運用を求めるとともに，その有効性を経営者自身に評価・報告させるものである。経営者は，評価結果を報告するために「内部統制報告書」を作成して公表するが，その際に，公認会計士または監査法人が，内部統制報告書に記載される評価結果の信頼性を監査（内部統制監査）するのである。

　内部統制報告制度を運用するための基準として，2007年2月に『財務報告に係る内部統制の評価及び監査の基準』（内部統制基準）が制定された。この基準の中で，内部統制に関する内部監査人の役割が，次のように説明されている。

　内部監査人は，内部統制の目的をより効果的に達成するために，内部統制の基本的要素の1つであるモニタリングの一環として，内部統制の整備及び運用状況を検討，評価し，必要に応じて，その改善を促す職務を担っている。

　内部統制の基本的要素の1つであるモニタリングは，内部統制が有効に機能していることを継続的に評価するプロセスをいい，それには，会社等の業務に組み込まれて行われる日常的モニタリングと，業務から独立した視点で実施される独立的評価がある。内部監査は，これらのうち独立的評価の機能を担っているのである。

　内部統制報告制度における内部統制監査は金商法上の法定監査だが，

金商法上に内部監査の実施を義務づける規定はない。また，内部統制基準は法令ではないため，これによって内部監査の役割が規定されているとしても，内部監査には任意監査としての実施が期待されているに過ぎない。

　しかし，内部統制監査という法定監査がその目的を効果的に達成するためには，内部統制の基本的要素の1つであるモニタリングの機能を担う内部監査の存在が不可欠であると考えられる。つまり，内部監査は，内部統制監査を実施しなければならない会社にとっては不可欠な監査であり，任意監査でありながらも法定監査を支える極めて重要な役割を担っているのである。

3. 法定監査としての公認会計士監査

　法定監査として最もよく知られており，また，最も洗練された形で実施されているのが，公認会計士（監査法人）による会計監査である。現在，公認会計士による会計監査は様々な領域で行われているが（**表3－**

表3－1　主な公認会計士監査

金融商品取引法に基づく財務諸表監査
会社法に基づく会計監査人監査
学校法人の監査
放送大学学園の監査
国立大学法人の監査
政党交付金による支出などの報告書の監査
信用金庫・信用組合の監査
労働組合の監査
特定目的会社（SPC）の監査
独立行政法人の監査
地方公共団体の包括外部監査
公益法人の監査　など

1），その代表的なものとして，金商法上の財務諸表監査と会社法上の会計監査人監査がある。

（1）　金商法上の財務諸表監査

公認会計士による財務諸表監査は，金商法の第193条の２第１項の規定に基づいて実施される法定監査である。

金融商品取引法第193条の２第１項

金融商品取引所に上場されている有価証券の発行会社その他の者で政令で定めるものが，この法律の規定により提出する貸借対照表，損益計算書その他の財務計算に関する書類で内閣府令で定めるものには，その者と特別な利害関係のない公認会計士又は監査法人による監査証明を受けなければならない。（以下省略）

わが国で法定監査としての公認会計士監査が始まったのは，1948年に，公認会計士法と現在の金商法の前身である証券取引法が制定されたときである。しかし，その当時，わが国には公認会計士という職業的会計専門家はおらず，また，実際に財務諸表監査を実施したことのある者もいなかった。一方，上場会社も財務諸表監査を受けたことがなかった。このため，最初の数年間は，財務諸表監査を実施するために必要な態勢の整備に費やされた。こうして，実際に現在のような財務諸表監査が実施されるようになったのは，1956年からである。

財務諸表監査は，上場会社のように，不特定多数の投資者から会社の運営資金を調達する会社が実施する，「企業内容の開示」（ディスクロージャー）の信頼性を保証するために実施される。

会社と投資者との間には,企業内容に関する情報量に大きな較差（「情

報の非対称性」と呼ばれる）があるため，これを埋めるために実施されるのが会計情報のディスクロージャーである。しかし，情報の非対称性は，ディスクロージャー自体の信頼性について投資者（情報利用者）に疑念をもたらす可能性がある。もし，これを解消ないし緩和しなければ，そもそも会計情報が利用されなくなってしまう恐れがある。このため，会計情報の検証を行いその信頼性を保証するという役割が，財務諸表監査に期待されることになるのである。

　財務諸表監査は，会社が投資者のような社外の情報利用者に対して公表する会計情報の信頼性を，会社から独立した公認会計士または監査法人（公認会計士によって設立される会社）が監査人となって検証・保証するものであり，典型的な外部監査である。監査の対象は財務諸表（会計情報）であり，財務諸表の信頼性（財務諸表が会社の経営内容を適正に表示していること）の保証を目的として実施される監査である。

　財務諸表監査は世界中の国々で実施されているが，その手続はほぼ標準化されている。国際会計士連盟（IFAC）の国際監査・保証基準審議会（IAASB）が『国際監査基準』（ISA）を設定しており，これに基づいて各国が監査の基準を定めている。わが国では，日本公認会計士協会の監査基準委員会が，ISAに基づいて『監査基準委員会報告書』（監基報）を設けており，金融庁・企業会計審議会が設定する『監査基準』とともに，わが国において，公認会計士が財務諸表監査を実施する際に従うべき基準となっている。このように，世界中の公認会計士が共通の基準に従って監査手続を実施することによって，監査の質がグローバルレベルで高い水準に維持されているのである。

（2）　会社法上の会計監査人監査

　わが国には，金商法上の財務諸表監査の他に，もう1つ別の公認会計

士による法定監査としての会計監査が存在する。それが，会社法上の会計監査人監査である。会社法は，大会社（資本金5億円以上または負債総額200億円以上の株式会社），指名委員会等設置会社および監査等委員会設置会社に対して，会計監査人の選任を義務づけている（第327条第5項，第328条）。会計監査人は，公認会計士または監査法人でなければならない（第337条第1項）。

　会計監査人は，株式会社の計算書類およびその附属明細書，臨時計算書ならびに連結計算書類を監査する（第396条第1項）とされているが，これは，実質的に金商法上の財務諸表監査と同じである。財務諸表監査を義務づけられている会社（上場会社等）と，会計監査人を置かなければならない会社の範囲はほぼ重なっている。これらの範囲に入る会社は，いずれの監査も実施しなければならないため，会計監査人には，通常，財務諸表監査の監査人と同じ公認会計士または監査法人が選任される。

　会計監査人に選任された公認会計士または監査法人は，財務諸表監査の場合と同様に，監査基準や監基報などに従って，計算書類が会社の経営内容を適正に表示しているかどうかを監査するのである。

　このように，同一の監査人が，同じ会社の会計情報を2つの異なる法律に基づいて監査するのは国際的には極めて珍しく，わが国の会計監査制度の大きな特徴となっている。

（3）　金商法上の内部統制監査

　金商法に基づいて公認会計士によって実施されるもう1つの法定監査として，内部統制監査がある。

　内部統制監査は，内部統制報告書に対する意見表明を目的とする監査である（本章2．（2）を参照）。内部統制報告書とは，上場会社などの経営者が，財務報告の信頼性や適正性を確保するために整備する仕組み

である，内部統制の有効性を評価した結果を報告するものである。監査人は，内部統制報告書に記載された評価結果が，内部統制の実態を適正に表示しているかどうかを監査して得られた結論を，内部統制監査の意見として内部統制監査報告書に記載して伝達するのである。

　内部統制監査は，いわゆる会計監査ではないが，財務諸表の信頼性の確保を究極的な目的とするものであり，財務諸表監査と一体的に実施される監査である。このため，内部統制監査は，財務諸表監査の監査人と同一監査人によって実施され，両監査の実施過程で得られた監査証拠は相互に利用されることになる。

　なお，内部統制監査は，前掲の『財務報告に係る内部統制の評価及び監査の基準』に従って実施されることになっている。

4. 会社法上の監査制度

　会社法では，会計監査人監査の他にも，監査役（会），監査委員会または監査等委員会といった，会社の監査機関による監査の実施が要求されている。大会社である株式会社は，これら3つの監査機関のうちのいずれかを設置しなければならない。どれを採用するかによって会社の形態および機関設計は表3−2のように異なるが，選択は会社の自由であり，会社法上，会社の運営や権限・責任などに実質的な差はない。このため，3つの監査機関が実施する監査にも本質的な違いがあるわけではないが，それぞれに固有の特徴もある。

表3−2　大会社である株式会社の形態における機関構成

監査役会設置会社	取締役会＋代表取締役＋監査役会＋会計監査人
指名委員会等設置会社	取締役会＋執行役＋3委員会＋会計監査人 ＊3委員会：指名委員会，監査委員会，報酬委員会
監査等委員会設置会社	取締役会＋代表取締役＋監査等委員会＋会計監査人

　そこで，本節では，内部監査との関わりにも触れながら，大会社の3つの監査制度について概観する。

（1）　監査役（会）による監査

　わが国の大会社が最も多く採用している会社形態は，監査役会設置会社である。

　この形態の会社では，株主総会において3名以上の監査役が選任されるが，そのうち半数以上が社外監査役でなければならない。社外監査役の要件は**表3－3**のとおりである。

表3－3　社外監査役の要件

・就任前の10年間，監査役として選任される会社またはその子会社の取締役，監査役，従業員等だったことがない
・当該会社の親会社等の取締役，従業員等ではない
・当該会社の子会社等の業務執行取締役等ではない
・当該会社の取締役等の配偶者または2親等内の親族ではない

　監査役会設置会社には，すべての監査役によって組織される監査役会が設けられ（第390条第1項），常勤の監査役が選定されなければならない（同第3項）。監査役会は，監査報告を作成したり，監査の方針や方法などを決定したりすることが求められる。ただし，監査役は独任制（個々人が固有の権限を持ち義務を負う制度）の機関であり，業務執行に対する調査，取締役会等への出席・意見申述，違法行為の差し止めなどの会社法上の権限は，それぞれの監査役が単独で行使して監査を行う。また，取締役会への報告，株主総会への報告・説明などの義務も，それぞれの監査役が果たさなければならないのである。

　監査役会の監査報告書には，①事業報告書の適正表示，②取締役の職務執行の適法性，ならびに③内部統制システムに関する取締役会決議の適切性などに関する監査結果が記載される。また，計算書類の監査については，会計監査人によって実施された監査の方法および結果が相当である（適切である）と認められるかどうかが記載される。

　なお，監査役会の監査報告書は，監査役会で結論を一本化するのではなく，それぞれの監査役が実施した監査の結論に基づいて作成される。このため，異なる結論を出した監査役がいれば，それは監査報告書において別個に記載されなければならないのである。

　監査役の監査は取締役のすべての業務を対象とすることから，内部監査と対象範囲が重なっているようにも見える。しかし，実際には，両監査は目的を異にするという点に注意が必要である。

　監査役は，会社の業務そのものの有効性や効率性などについて監査するのではなく，業務の検証を通じて，代表取締役をはじめとする取締役が，その職責を果たしているかどうか（取締役の職務の執行）を監査する。これに対して，内部監査は，会社の業務部門において，それぞれの業務が効果的かつ効率的に実施されているかどうかを検証し，業務執行の責任者である代表取締役に対して，業務のコントロールの有効性についてアシュアランスを提供することを目的とする監査である。

　とはいえ，同じ業務を二重に監査するのは効率的ではないし，監査を受ける業務部門にとっても負担になる。このため，監査役と内部監査人には，監査手続を調整したり情報を共有したりすることで，それぞれの監査の目的を効果的かつ効率的に達成できるように，連携・協力することが求められている。

（2）　監査委員会の監査

　会社が指名委員会等設置会社の形態を採ると，監査機関として取締役会の中に監査委員会が設けられる。

　監査委員会は3名以上の取締役で構成され（第400条第1項），その過半数が社外取締役でなければならない（同第3項）。社外取締役の要件は**表3－4**のとおりである。

表3－4　社外取締役の要件

- 取締役として選任される会社またはその子会社の業務執行取締役等ではなく，かつ就任前の10年間当該会社またはその子会社の業務執行取締役等だったことがない
- 当該会社の親会社等の取締役，従業員等ではない
- 当該会社の子会社等の業務執行取締役等ではない
- 当該会社の取締役等の配偶者または2親等内の親族ではない

　監査委員会は，執行役，取締役および会計参与（以下，執行役等という）の職務の執行を監査して監査報告を作成するとともに，株主総会に提出する会計監査人の選任・解任などに関する議案の内容を決定する（第404条第2項）。監査委員は，監査役とは異なり独任制ではないが，執行役等の職務執行に関する調査権や違法行為の差し止め権をもち，取締役会への報告義務などを負う点では，監査役とほぼ同様の役割が期待されている。

　監査委員会は，その過半数が社外取締役でなければならないが，監査役とは異なり，常勤者を選定する必要はない（任意に選定することもできる）。監査委員会による監査は，監査役のように，それぞれの委員が自ら監査手続を実施するのではなく，会社の内部統制部門や内部監査部

門を通じて，間接的かつ組織的に実施することが想定されている。すなわち，内部統制部門や内部監査部門が，監査委員会に代わって執行役等の職務の執行状況に関わる情報を収集し，これに基づいて監査委員会が監査意見を形成するのである。

　監査委員会の監査報告書に監査の結果として記載される事項は，監査役会のそれと基本的に同じである。

　指名委員会等設置会社における内部監査は，業務執行の責任者である執行役にアシュアランスを提供することにとどまらず，執行役等の職務の執行状況に関する情報を，監査委員会に提供するという機能をも担っている。内部監査人は，監査委員会の指示を受けて，監査委員会が，執行役等の職務の執行に関する監査意見を形成するのに必要な情報の収集と伝達に主眼を置いた監査を実施しなければならないのである。

（3）　監査等委員会の監査

　監査等委員会設置会社では，株主総会で監査等委員である取締役を，その他の取締役とは別に選任することとされている（第329条第2項）。

　監査等委員は3人以上で，その過半数は社外取締役でなければならず，全員で監査等委員会を組織する。監査委員の場合と同様に，常勤者を選定する必要はないが，任意に選定してもよい。

　監査等委員会は，①取締役の職務の執行の監査と監査報告の作成，②株主総会に提出する会計監査人の選任・解任等に関する議案の内容の決定などの職務を行う（第399条第3項）。また，監査等委員会は，取締役の職務執行に関する調査権限，違法行為の差し止め権限などをもち，取締役会ならびに株主総会への報告義務を負う。監査等委員は独任性の監査機関ではないが，その職務や権限・義務は監査役とほぼ同様である。

　監査等委員会による監査は，指名委員会等設置会社における監査委員

会と同様に，会社の内部統制部門や内部監査部門が，取締役の職務の執行状況について収集した情報に基づいて実施することが想定されている。監査報告書に監査の結果として記載される事項も，監査委員会のそれと基本的に同じである。

　監査等委員会設置会社における内部監査は，業務執行の責任者である代表取締役にアシュアランスを提供することにとどまらず，取締役の職務の執行状況に関する情報を，監査等委員会に提供しなければならない。内部監査人は，監査等委員会の指示を受けて，監査等委員会が，取締役の職務の執行に関する監査意見を形成するのに必要な情報の収集と伝達に主眼を置いた監査を実施するのである。

5. まとめ

　内部監査は，法令等によって実施が義務づけられているわけではないが，法定監査の有効性を確保し，効率的に実施するために重要な役割を演じている。法定監査は，組織の外部利害関係者の利益を保護することを通じて，経済社会の安定と発展に寄与するものである。内部監査は，組織の利益だけを図るものと見られることがあるかもしれないが，法定監査への役立ちを考慮すると，社会全体の厚生を高めることにも貢献していることがわかるであろう。内部監査は任意監査であるとはいえ，社会経済にとって不可欠の監査なのである。

【学習課題】
1．任意監査としての内部監査の存在意義について考えなさい。
2．公認会計士による法定監査の役割を整理しなさい。

3．会社法上の監査制度と内部監査とはどのように連携することができるか考えなさい。

参考文献

桃尾・松尾・難波法律事務所編『コーポレート・ガバナンスからみる会社法』（第2版）商事法務，2015年。
日本公認会計士協会webサイト：http://www.hp.jicpa.or.jp/
日本取引所グループwebサイト：http://www.jpx.co.jp/
蟹江章著『監査報告書の読み方』（5訂版）創成社，2013年。

4 | 内部統制と内部監査

| 蟹江　章

《**学習のポイント**》　本章では，まず，わが国の「内部統制基準」に基づいて，内部統制の目的，構成要素，限界などを把握する。その上で，内部統制におけるモニタリング機能の１つである内部監査が，内部統制を有効に機能させるためにどのような役割を果たすのかを理解する。
《**キーワード**》　COSO報告書，内部統制報告制度，独立的評価，内部統制の限界，３本のディフェンスライン

1.　内部統制の必要性

　組織の規模が大きくなり，また活動内容が多様化・複雑化してくると，こうした組織の経営者は，すべての活動の状況を自ら直接把握したり，管理・監督したりすることが難しくなる。そこで，経営者は，組織をいくつかの部門に分けてそれぞれに責任者（部門長）を置き，彼らに権限と責任を委譲して，部門ごとに活動を遂行させるとともに，それらの活動を管理・監督させるようになる。そして，経営者は，部門長から報告を受けることによって，当該部門における活動の内容や状況を間接的に把握し，これに基づいて経営方針や活動に対する具体的な指示を与えることで，組織全体の経営を行うのである。

　経営者がこのような形で経営を行うためには，自らの経営方針や指示を組織の末端まで的確に伝達し，経営目標の達成に向けて効果的かつ効率的に活動を遂行させ，また，活動の状況をできるだけ正確かつ詳細に

把握し，適切に管理・監督するための仕組みが必要になる。経営者のこうしたニーズに応えるために，組織のすべての活動に組み込む形で設定されるのが「内部統制」である。

組織の規模，活動内容，利用可能な人的・物的資源などは様々である。経営活動に組み込まれる内部統制も，その構造や内容は組織ごとに様々であり，決まった形はない。経営者は，自らの責任で，経営状況に即した独自の内部統制を構築・整備し，運用しなければならないのである。

内部統制は，基本的には，組織ごとのニーズや状況などに応じて，組織ごとに構築されるものである。しかし，そうは言っても，内部統制が有効に機能するためには，最低限これだけは備えていることが望ましいと考えられる要件や構成要素がある。こうした事項を初めて体系的に整理して示したのが，アメリカのトレッドウェイ委員会支援組織委員会（COSO）が作成した報告書『内部統制の統合的フレームワーク』（通称，『COSO報告書』）である。

COSOは，アメリカで1980年代に発生した不正会計に対処するため，1985年に組織された不正な財務報告に関する全国委員会（通称，トレッドウェイ委員会）を，人的・資金的に支援するために設立された委員会で，現在，アメリカ会計学会（AAA），アメリカ公認会計士協会（AICPA），内部監査人協会（IIA），管理会計士協会（IMA）ならびに国際財務担当経営者協会（FEI）という5つの団体によって構成されている。ここにIIAが加わっていることからも，内部統制と内部監査に深い関わりがあることがわかるであろう。

COSO報告書は，1992年に公表されると国際的に広く支持され，内部統制のグローバルスタンダードとなった。21世紀に入ってから，各国で大規模な不正会計事件が発生し，これに対処するために主要な国々で財務報告に係る内部統制の整備・運用が制度化された。この時に，各国が

内部統制のフレームワークとして参照したのが，COSO報告書だったのである。

　COSO報告書は2013年に改訂が行われ，1992年の公表以来の20年間における環境変化などを考慮して，内容の一層の充実が図られているが，内部統制に関する基本的な考え方に変更はない。

2. 内部統制の意義と目的

（1）　内部統制の意義

　わが国でも2000年代前半に不正会計が相次いで発覚し，特に財務報告の信頼性を担保すべき内部統制の不備が指摘された。こうした事態に対処するために，第3章でも触れたように，金融商品取引法の下で，上場会社などに対して「財務報告に係る内部統制」の整備と評価を求める，「内部統制報告制度」が制定された。そして，この制度を運用するために，金融庁の企業会計審議会は，2007年2月に『財務報告に係る内部統制の評価及び監査の基準』と『財務報告に係る内部統制の評価及び監査に関する実施基準』（以下，2つを合わせて「内部統制基準」という）を制定したのである。

　内部統制基準の制定に際しては1992年版のCOSO報告書が参照されており，そのフレームワークを参考にして内部統制の定義，目的，基本的要素などが示されている。本節ではまず，わが国の内部統制基準に従って，内部統制の意義と目的について見ることにする。

　そもそも内部統制とは何だろうか。内部統制基準では，内部統制は次のように定義されている。

　内部統制とは，基本的に，業務の有効性及び効率性，財務報告の信頼性，

事業活動に関わる法令の遵守並びに資産の保全の4つの目的が達成されているとの合理的な保証を得るために，業務に組み込まれ，組織内のすべての者によって遂行されるプロセスをいい，統制環境，リスクの評価と対応，統制活動，情報と伝達，モニタリング（監視活動）およびIT（情報技術）への対応の6つの基本的要素から構成される。

　この定義のポイントは，内部統制が，単なる仕組みやマニュアルのようなものではなく，企業のような組織の目的の達成を支援するために，組織を構成するすべての者によって，日々の業務とともに実際に遂行されるプロセスであるとしている点にある。そして，これを有効に機能させるために必要な6つの基本的な構成要素を提示し，それらを基礎として，業務をコントロールするプロセスを構築するよう求めているのである。

（2）　内部統制の目的

　内部統制基準では，上の定義に見られる4つの目的について，それぞれ次のように説明されている（表4－1）。

表4－1　内部統制の目的

業務の有効性及び効率性	事業活動の目的の達成のため，業務の有効性及び効率性を高めること
財務報告の信頼性	財務諸表及び財務諸表に重要な影響を及ぼす可能性のある情報の信頼性を確保すること
事業活動に関わる法令等の遵守	事業活動に関わる法令その他の規範の遵守を促進すること
資産の保全	資産の取得，使用及び処分が正当な手続及び承認の下に行われるよう，資産の保全を図ること

やや抽象的なので，もう少し説明を加えておこう。

①　業務の有効性及び効率性

業務が有効であるということは，それが組織の経営目的の達成に貢献したということであり，効率的であるということは，目的達成のために経営資源が最適に配分され，無駄なく利用されているということである。内部統制は，組織の経営目的が達成されるように，経営業務の実施と経営資源の配分をコントロールする機能を果たすのである。

②　財務報告の信頼性

財務報告は，投資者や債権者などの組織外部の利害関係者はもちろん，経営者にとっても，経営上の意思決定を左右する重要な情報を提供するものであり，高い信頼性が確保されなければならない。内部統制は，信頼性のある適正な財務情報が作成・公表されるように，会計業務を適切にコントロールする機能を果たすのである。

③　事業活動に関わる法令等の遵守

組織およびその構成員が法令等を遵守しなければならないのは当然である。法令等に対する違反行為があり，これが発覚することになれば，組織に対する利害関係者からの信頼が損なわれ，経営目的の達成に対する重大な障害ともなりかねない。内部統制には，経営業務が法令等を遵守して遂行されるようにコントロールすることが期待されているのである。

④　資産の保全

組織の資産は，組織が収益を上げるための源泉である。経営業務に適合しない資産の取得，重要な資産の毀損や喪失は，経営目的の達成に大きな障害となる。このため，資産の取得，使用および処分は，適切なルールや手順に従って行われる必要がある。内部統制は，こうしたルールや手順の適切な運用をコントロールするのである。

56

内部統制は，それを構成するプロセスが適切に遂行され，有効に機能していると評価されることによって，上記の目的が，絶対に達成されているとまでは言えないにしても，相当程度の高い確率で達成されているという保証（合理的な保証）を提供するのである。

3. 内部統制の基本的要素

内部統制基準による内部統制の定義では，内部統制を構成する6つの基本的要素があげられ，それぞれ次のように説明されている(**表4－2**)。

表4－2　内部統制の基本的要素

統　制　環　境	組織の気風を決定し，組織内のすべての者の統制に対する意識に影響を与えるとともに，その他の基本的要素の基礎をなし，それらに影響を及ぼす基盤
リスクの評価と対応	組織目標の達成に影響を与える事象について，組織目標の達成を阻害する要因をリスクとして識別し，それを分析・評価し，当該リスクへの適切な対応を行う一連のプロセス
統　制　活　動	経営者の命令や指示が適切に実行されることを確保するために定められる方針及び手続
情　報　と　伝　達	必要な情報が適切に識別，把握，処理され，組織の内外ならびに関係者相互間で正確に伝達されるようにすること
モニタリング（監視活動）	内部統制が有効に機能していることを継続的に評価するプロセス
IT（情報技術）への対応	組織目標を達成するために予め適切な方針及び手続を定め，それを踏まえて，業務の実施において組織の内外のITに対し適切に対応すること

これらの要素について，説明を加えておこう。

① **統制環境**

　組織の気風を決定し，組織構成員の意識に影響を与える事項として，誠実性，倫理観，経営者の意向・姿勢，経営方針，経営戦略，取締役会・監査役会・監査委員会などの機能，組織の構造・慣行，権限・職責，従業員などに対する方針・管理などをあげることができる。例えば，誠実で倫理観の高い者によって構成される組織，あるいは倫理観の高い経営者によって率いられる組織は，内部統制が機能しやすい環境にあるといえる。一方，経営者の意向あるいは姿勢が遵法意識に欠ける組織では，その構成員も法令を遵守しようという雰囲気になりにくく，結果として内部統制の有効性が失われることになるのである。

② **リスクの評価と対応**

　リスクの評価とは，組織目標の達成を阻害する要因であるリスクを識別，分析，評価するプロセスであり，組織全体のリスクと業務別のリスクに分類した上で，それらの大きさ，発生可能性，頻度等を分析し，組織目標への影響を評価する。

　一方，リスクへの対応とは，評価されたリスクについて適切な対応を選択するプロセスであり，対応の方法としては，回避，低減，移転または受容などがある。回避はリスクに関連する活動を取りやめること，低減はリスクの影響を緩和できるような対策を講じること，移転はリスクの影響を第三者に転嫁すること，そして受容はリスクをそのまま受け入れることである。

　組織の存続に致命的な影響を与える恐れのあるリスクは回避すべきかもしれないが，すべてのリスクを回避していたのでは経営活動を行うことはできない。ある程度大きなリスクでも，組織目標の達成に必要な活動に付随するものは，何らかの対策を講じることで低減させたり，ある

いは保険などによって転嫁を図ったりしながら取っていかざるを得ないであろう。また，仮に発生しても組織目標の達成に対する影響が軽微なリスクは，そのまま受け入れるというのも1つの選択肢である。リスクへの対応には，このような戦略的な意思決定を行うことが含まれるのである。

③ 統制活動

統制活動には，権限および職責の付与，職務の分掌などの広範な方針および手続が含まれ，それらは，業務のプロセスに組み込まれて，組織内のすべての者によって遂行されることで機能するのである。

内部統制が必要とされる組織は，比較的規模が大きく，活動は多様かつ複雑であると考えられる。このため，責任者が直接すべての活動を把握したり，自ら管理・監督したりすることは難しい。そこで，組織を部門に分割し，部門長に権限と職責を付与することによって，間接的に管理・監督するのである。しかし，部門長も部門におけるすべての業務を自ら実施するわけではなく，具体的な業務の実施は，部門の構成員に任せざるを得ない。そこで，業務の実施を日常的に管理するために，職務の分掌や構成員間の相互牽制（内部牽制）といった仕組みが，業務プロセスに組み込まれなければならないのである。

④ 情報と伝達

組織目標を達成するために，組織内のすべての者が各々の職務を遂行するのに必要とする情報が，適時かつ適切に識別，把握，処理，伝達されなければならない。また，情報が受け手によって正しく理解され，その情報を必要とするすべての者によって共有されることが重要である。

⑤ モニタリング

モニタリングには，日常的モニタリングと独立的評価があり，それらは個別にまたは組み合わせて実施される場合がある。日常的モニタリン

グは，内部統制の有効性を監視するために，経営管理や業務改善等の通常の業務に組み込まれて行われる活動である。一方，独立的評価は，通常の業務から独立した視点で，定期的または随時に行われる内部統制の評価であり，経営者，取締役会，監査役（会）／監査委員会／監査等委員会，内部監査等によって実施される。また，モニタリングによって明らかになった内部統制上の問題が，組織内の適切な者に報告される仕組みを整備する必要がある。

⑥　ITへの対応

ITへの対応は，IT環境への対応とITの利用・統制からなる。IT環境に対しては，組織目標を達成するために，組織の管理が及ぶ範囲においてあらかじめ適切な方針と手続を定め，それを踏まえた適切な対応を行う必要がある。また，組織内で内部統制の基本的要素の有効性を確保するためにITを効率的に利用するとともに，適切な方針および手続の設定によってITを効果的にコントロールしなければならない。

内部統制はプロセスであり，実施されてはじめてその効果が発揮されるものである。したがって，内部統制を構成する基本的要素は単に存在するだけでは十分ではなく，それらが効果的に実施されていなければならない。モニタリング機能による継続的な評価と改善によって，経営活動および環境の変化に柔軟に対応できる強靭なプロセスとなるよう，常に進化が求められるのである。

4．内部統制の有効性と限界

（1）　内部統制の有効性

COSO報告書によれば，有効な内部統制は，組織の経営目的の達成に関して合理的な保証を提供するとされている。内部統制が有効であると

判断するためには，組織の中に，前節で示した6つの基本的要素がすべて存在し，それらが機能している必要がある。

　内部統制を構成する要素は，すべてが統合された形で運用されることによって有効に機能する。したがって，これらのうちのどれ1つが欠けても，あるいはどれか1つでも機能しなければ，内部統制は組織の経営目的の達成に対して十分な支援機能を発揮することができず，有効であるとはいえないのである。

　また，基本的要素の間には，相互に関係やつながりがある。例えば，統制活動の一環として方針および手続を整備し，これを実践することは，リスクの評価において把握・分析されたリスクの低減に役立つ。質の高い情報を伝達することは，統制活動において業務プロセスおよび業務処理統制の実践を支援するとともに，モニタリングにおいて当該統制への日常的モニタリングおよび独立的評価の実施を支援することにつながる。

　このように，基本的要素がプロセスの中に組み込まれ，相互に有機的な関係やつながりを維持しているとき，内部統制は有効に機能していると判断されるのである。

（2）　内部統制の限界

　内部統制が有効に機能しているとき，組織の経営目的の達成に関して合理的な保証が提供されることになる。しかし，内部統制は，たとえ適切に整備・運用されていても，人間によって遂行されるプロセスであるということや，業務の実施に際してあらかじめ設けられるプロセスであることなどによって，有効に機能しなくなることがある。すなわち，内部統制には，次のような固有の限界が存在するのである。

　①内部統制は，判断の誤り，不注意，複数の担当者による共謀によって有効に機能しなくなる場合がある。

　内部統制は，組織のすべての構成員の判断や行為によって形成されるプロセスである。どんなに誠実な人でも，判断の誤りや不注意によるミスをすることがある。また，いくら厳格な職務分掌や相互牽制の仕組みを構築しても，担当者同士が示し合わせれば，不正・不当な行為を実行できる場合がある。このような場合には，内部統制の有効性が損なわれることがある。

②内部統制は，当初想定していなかった組織内外の環境の変化や非定型的な取引等には，適切に対応できない場合がある。

　内部統制は，組織の現在の経営内容や状況，あるいは近い将来に想定される状況などを考慮して構築されるものである。将来の状況や変化について想定できることには限りがあるため，結果的に想定していなかった状況に直面すると，内部統制のプロセスでは対応できない場合がある。そしてこれが，経営目的の達成を阻害する要因となり得るのである。

③内部統制の整備および運用に際しては，費用と便益との比較衡量が求められる。

　内部統制それ自体は直接収益を生み出すものではないが，その整備・運用には当然費用がかかる。内部統制の整備・運用の費用は，組織の経営目的を達成するためのコストであるとはいえ，完璧なプロセスの構築を目指して，いくらでも経営資源を投入できるというわけではないであろう。内部統制によってもたらされる便益と，そのためにかかる費用とのバランスが考慮されることにより，内部統制の機能に一定の制約が課せられるのである。

④経営者が不当な目的のために内部統制を無視ないし無効にすることがある。

　内部統制は，経営者が整備と運用の責任を負っており，自らの経営

62

方針を組織全体に伝達し，これに従って経営業務を遂行させるための手段となる。経営者は，内部統制によって組織の経営業務を管理・監督する立場にあり，経営者自身は，内部統制による管理・監督の対象に含まれていない。このため，どれほど効果的な内部統制が構築され，実際に有効に運用されていても，経営者自身が不当な目的で行う行為を，内部統制で防止したり発見したりするのは難しいのである。

5. 内部統制における内部監査の役割

内部統制基準では，内部統制における内部監査の役割について，「内部監査人は，内部統制の目的をより効果的に達成するために，内部統制の基本的要素の1つであるモニタリングの一環として，内部統制の整備及び運用状況を検討・評価し，必要に応じてその改善を促す職務を担っている」と説明されている。

また，2013年版のCOSO報告書では，組織における内部統制の考え方として，「3本のディフェンスライン（防衛線）」という概念が提示され[注]，内部監査は，このうちの第3のディフェンスラインを担うものとして位置づけられている（表4−3）。

(注)「3本のディフェンスライン」は，2020年にIIAが新たに公表した「3ラインモデル」に置き替えられているが，本書では，2013年版のCOSO報告書に基づく説明として，当時の概念をそのまま用いている。

表4－3　3本のディフェンスライン

第1のディフェンスライン	現業部門の経営者その他の構成員は，日々の内部統制の有効性を維持する責任を負っているので，第1のディフェンスラインを担っている
第2のディフェンスライン	リスク，統制，法務，コンプライアンスといった事項に関わる間接管理部門は，内部統制の要件を明確化し，定められた基準の遵守状況を評価するので，第2のディフェンスラインを担っている
第3のディフェンスライン	内部監査人は，内部統制の評価および報告を行い，経営者に是正措置または強化策を検討または実行するように勧告するので，第3のディフェンスラインを担っている

　内部統制基準とCOSO報告書との間で，内部統制における内部監査の役割認識に本質的な違いはない。組織は，その経営目的の達成を支援するために，内部統制というセルフコントロールの仕組みを構築し，その有効性を評価・維持する機能（第1および第2のディフェンスライン）を備える。内部監査は，こうした機能とともに，内部統制を独立の視点からモニターしてその有効性を保証し，場合によっては改善を勧告する機能（第3のディフェンスライン）として，組織における二重コントロール態勢を形成するのである。

　内部統制は，内部監査の結果の報告対象となる経営業務のコントロール機能である。内部監査は，経営者が整備と運用に関する責任を適切に果たし，内部統制が有効に機能していることについてアシュアランス（保証）を提供することを一義的な目的として実施される。しかし，もし内部統制のどこかに不備または脆弱性が認められれば，それを改善して内部統制全体の有効性を確保するために助言や勧告を行う必要がある。

64

　内部統制は，セルフコントロールのための諸手段を実行することによって機能するプロセスである。内部監査は，内部統制の仕組みが設けられていることだけではなく，そのプロセスが意図したとおりに実行されているかどうかを含めて検証し，プロセスの有効性に対する監査結果を伝達し，アシュアランスを提供しなければならないのである。

【学習課題】

1．内部統制の意義と目的を整理しなさい。
2．近年発生した有名企業による不正会計事件や，例えば自動車の燃費性能のような製品の品質に関する偽装事件では，内部統制の基本的な構成要素のどこに問題があったのか考えなさい。
3．内部統制の有効性を確保するために内部監査がどのように貢献できるか考えなさい。

参考文献

八田進二，箱田順哉監訳，日本内部統制研究学会新COSO研究会訳『内部統制の統合的フレームワーク』日本公認会計士協会出版局，2014年。
町田祥弘『内部統制の知識（第3版）』日本経済新聞社，2015年。

5 | 内部監査とリスク・マネジメント（1）

齋藤　正章

《**学習のポイント**》　組織は様々なリスクに晒されている。組織運営上の様々なリスクについて明らかにし，リスク・マネジメントと内部監査について検討する。

《**キーワード**》　リスク，リスク・マネジメント（危機管理），リスク環境，リスクの洗い出し，リスク・マップ

1. リスクとは何か

　リスクとは，危険あるいは危険が生じる確率（危険率という）のことをいう。ある行動に対して特定の結果が得られることが既知である情況を確実性があるというのに対し，行動の結果がどのようになるか予測できない情況には不確実性があるという。一般的にはリスクは不確実性のもとで，望ましくない結果をもたらす事象であり，それが生じる可能性を指す。

　私たちは様々なリスクに取り巻かれている（図5-1）。まず「ヒト対自然」では，ゲリラ豪雨や大雪，地震や地滑り，火山の噴火などの天災をあげることができる。次に「ヒト対人工物」では，車や電車，エネルギー関連施設などによる事故が考えられる。その事故が人に起因する人災である場合,「ヒト対ヒト」のリスクということにもなる。その「ヒト対ヒト」のリスクでは，そのリスクの解決先として裁判所を持ち出す

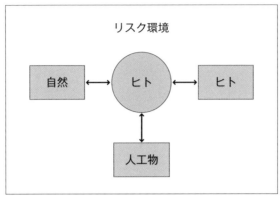

図5－1　「リスク環境」

までもなく，○○ハラスメントという言葉に代表されるように日常的に様々なトラブルが起きている。つまり，リスクとはそこに存在する危険そのものであったり，危険が生じる可能性のことであるというのが理解されるであろう。

　ただし，これは悪い方からの見方である。「ヒト対自然」では，登山やスキューバダイビングのように敢えて自然に挑戦するという楽しみもある。「ヒト対人工物」では，車などの交通手段や発電所は私たちに快適な生活をもたらしてくれる。また，「ヒト対ヒト」では誰一人として自分と同じ人間はおらず，そのことが多様性を生み，人生を楽しいものにしてくれる。そうすると，リスクとは望ましくない結果について使われる言葉であることがわかる。また，リスクは，財務論では，起こりうる結果の期待値に対する分散もしくは標準偏差として表現される。

　企業活動においてもリスクはあらゆるところに存在する。例えば，営業取引上の債権・債務が予定どおり決済されるかという信用リスク，為替や金利，保有する証券価格の変動に関する市場リスク，さらに，資金調達に関する流動性リスクなどが伝統的なリスクである。このリスクの

分類については，諸説あるが，リスクの範囲は拡大傾向にあり，戦略リスク，事業リスク，オペレーショナルリスク，財務／財務報告リスク，ディスクロージャーリスク，市場リスク，法的リスク，ＩＴリスク，災害リスク，不正リスクといったリスクがあげられる。

表5－1　リスクの種類

戦略リスク	戦略目標が達成されないリスク
事業リスク	事業が失敗するリスク
オペレーショナルリスク	業務処理，業務運営が失敗するリスク
財務／財務報告リスク	財務状況が悪化するリスク，財務数字を誤るリスク
ディスクロージャーリスク	財務報告，リコール，不祥事などの情報開示が適切に行われないリスク
市場リスク	為替レートや市場価格の変動によって損失を被るリスク
法的リスク	法規制などに反するリスク
ITリスク	システム開発の目的が達成されないリスクやシステム障害などのリスク（ITガバナンスを確立できないリスク）
災害リスク	自然災害（地震，風水害など）と人的災害（犯罪，テロなど）のリスク
不正リスク	会社資産の横領や詐欺などの不正により損害を被るリスク

出典：島田裕次著『内部監査入門』泳翔社，2008年，141頁。

　いずれのリスクも事業継続に大きな影響を与えるものであるが，なかでも近年では，2011年3月11日に発生した東日本大震災により，災害リスクに対する関心が高まっている。また，不正リスクといえば，従業員の不正を指すことが多かったが，経営者による巨額の不正が各種メディ

アを賑わすようになっている。

2. リスク・マネジメントの必要性

　前述のようにリスクとは危険をもたらす事象あるいは危険そのものをいい，それを管理しようとすることをリスク・マネジメントという。また，危機管理ともいう。とりわけ，「ヒト対自然」のリスク・マネジメントをクライシス・マネジメントという。リスクすべてを事前に防止することは不可能である。もしそれが可能であれば，その事象はもはやリスクとは呼べない。したがって，リスク・マネジメントとは，経営にとってのリスクをすべて未然に防ぐことは不可能であるとの前提で，その発生時の被害を最小限に抑えるための体系のことである。経営者が会社のリスクに対して責任を負う程度は近年ますます高まっている。

　リスク・マネジメントという用語の起源は，米国における災害被害を効率的に保険へヘッジする手法に遡る。リスク範囲の拡大にともない，被害も多面的に捉えられるようになり，今やリスク・マネジメントは，人の被害（ケガや病気，被災，人質など）や，企業ブランドやイメージの低下など無形資産における損害などへの対策も含んだ総合的な管理体系となりつつある。

　この管理体系は，予知，予防，緊急対応，事後対応，再発防止の全部または一部から構成される。通常の経営政策は，市場などの環境情報の収集によってリスクを最小化しつつ最大効果を追求するが，リスク・マネジメントは予想を超えて起こるリスクに対する備えであるといえる。将来のリスクの発生を事前に予測し回避するとともに，事故が起こった場合は，すばやい対応と適切な処置をとり，被害を最小にくい止める必要がある。

　リスク・マネジメントという用語が生まれてから，日本企業はリスク・マネジメントの対応が遅れていると指摘されてきた。しかし，それを大きく意識させたのが，1995年の阪神淡路大震災である。一度大地震が発生すると，電気・ガス・水道は分断され，通信も途絶えてしまう。さらに，火災の延焼が被害を大きくするが，これもすぐに消し去ることができなかった。先進国であるはずのわが国において，死者6,434人，重軽傷者43,792人という大惨事が生じてしまったのである。この間，長期間の操業停止で大きな損害を受けた企業も多数にのぼる。これらのリスクに国や自治体，企業や商店などすべての組織が後手を踏んでしまったのである。その後，リスク・マネジメントの意識は高まったが，「ヒト対自然」，「ヒト対人工物」，「ヒト対ヒト」のリスク環境はますます厳しくなるばかりである。

3.　リスク・マネジメントの考え方

　リスク・マネジメントの成否の本質は，リスクが顕在化しないこと，つまり何も問題が起こらないことにある。しかし，何も起こらなかったことを評価するのは難しい。なぜならば，リスク・マネジメントを適正に行ったために問題が起きなかったのか，リスク・マネジメント無しでもそうであったのかという判定が困難な場合が多いのである。つまり，リスク・マネジメントの担当部署は，リスクが顕在化すると叱られ，問題が起こらなかったからといって特段の評価が得られるわけでもないのである。ここにリスク・マネジメントの難しさがある。さらに，すべてのリスクを事前に防止することは不可能であるという問題がより事態を深刻化させている。

　このように評価は難しいが，リスク・マネジメントの本質はその予防

にある。

　前節では，リスクの種類について述べたが，リスク・マネジメントの観点からは，リスクを顕在化する発生頻度別に分類し，階層別に管理することが必要である。例えば，自然災害でも100年に１度と言われる災害リスクと発生がある程度想定されている災害リスクとでは，その対応シナリオが変わってくるであろうし，そのリスク対応は経営トップの責任である。一方，天候不良等による交通機関の一時的な停止が見込まれる場合，社員を何時に退社させるかは，より下位の階層の判断に委ねられる。

　また，自然災害のような災害リスクはコントロール不可能であるが，それ以外のリスクは事前のコントロールが可能である。経営階層別の権限と責任の所在をはっきりとさせ，階層ごとのリスク・マネジメントが求められる。

　そのための具体的な方策として，リスクマップの作成がある。まず，リスク環境におけるリスクの洗い出しを行う（図５－２）。リスクを日常的に起こりうるリスクなのか，非日常的なリスクなのか，発生が稀なリスクなのかに分類する。次に具体的なリスク名を記入し，その発生の原因，頻度（確率）を記入する。この作業により，リスク環境を一覧することができる。そして，リスクマップへ先ほどのリスクをプロットしていく（図５－３）。このとき，右上に位置するリスク（発生可能性高，影響度大）が先に対処すべきリスクとなる。

　リスクマップの作成で安心してはならない。重要なのはリスクに対する取組みである。内部監査によって原因のさらなる解明や予防活動を深めていく必要がある。

　万が一，リスクが顕在化してしまった場合は，事後的対応が重要となる。とりわけ，取引先や顧客といった組織外で生じた失敗には慎重な対

応が必要となる。この「慎重」という言葉を取り違えてはならない。まずは謝罪し，なぜ失敗したかの情報をいち早く公開することが重要である。リスク・マネジメントの世界では情報を隠蔽することを「慎重」とは呼ばないのである。日頃の内部監査によって，どの部署に必要な情報があるか確認しておくことが大切である。

リスク	具体的なリスク名	発生の原因・確率
日常的なリスク		
非日常的なリスク		
稀		

図5－2　リスク環境の洗い出し

72

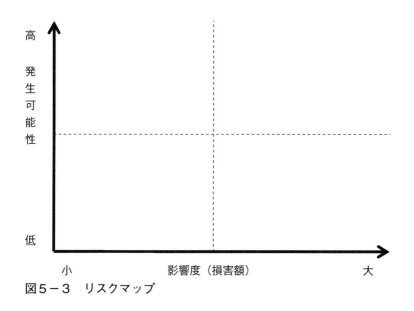

図5－3　リスクマップ

4．リスク・マネジメントと内部監査

　前節でみたように，リスク・マネジメントを成功に導くには内部監査が欠かせない。逆に，内部監査は取り入れていてもリスク・マネジメントはこれからという企業も少なくないであろう。しかし，リスク・マネジメントと内部監査は両輪で進めていくべきものである。

　例えば，企業の中には，重要と考える特定の領域に絞った集中的な内部監査を行い，それ以外の領域は手つかずのままであることが多いことを指摘することができる。その理由として，内部監査部門に与えられた権限の問題や内部監査スタッフの過去の経験や能力を考えると，それ以上は期待しにくいという事情が考えられる。しかし，いくら内部監査を充実させても，リスクを洗い出し，リスクとの関連づけを考えなければ

効果は上がらないし，同じような監査手続を毎年無批判に繰り返すばかりでは，監査の形骸化・空洞化が起きてしまうのである。

　また，第8章ではリスク・アプローチによる内部監査を紹介しているが，リスク認識の際に，企業にとって見えやすい，わかりやすいリスクにのみ注力してはならない。例えば，棚卸資産の陳腐化のリスクや債権回収のリスクへの対応は比較的見えやすく，内部監査の導入によって，導入初期にはかなりの成果が得られると期待される。しかし，企業全体レベルのリスクは見えづらく，またその対策をしたからといってすぐに効果が上がらないものが多い。このように，リスク・マネジメントの難しさは，各部門のリスクの積み上げが企業全体のリスクになるのではなく，各部門の効率化というミクロ的な視点と企業および企業グループ全体の効率化というマクロ的な視点が必要になる。

　部署によってリスク・マネジメントの方法がばらばらであると，経営者がリスクの面から全社レベルでの判断を下そうにも，その際に必要となる統一的なリスク情報を入手できなくなる。つまり，全社的視点からリスク・マネジメント・プロセスをモニターするという内部監査の機能は，組織構造など，その前提となるリスク・マネジメントのインフラが整っていなくてはならないのである。

　リスク・マネジメントの成否は，そのプロセスの検討に加え，内部監査の設計というより大きな問題に左右されるのである。

5.　全社的リスクマネジメント（ERM）

　全社的リスクマネジメントとは，企業にとってのリスクを把握，管理するために，取締役会（トップ）から一人ひとりの従業員（ボトム）まで企業全体で行われるリスク・マネジメントのプロセスをいい，ERM（エ

ンタープライズ・リスクマネジメントの略）ともいわれる。第4章で紹介したCOSO（トレッドウェイ委員会）が，2004年に「全社的リスクマネジメント―統合的フレームワーク」を著し，その枠組みを提供した。その目的は，企業が利害関係者の価値をより良く守り，高めることであった。その基本的な考え方は，「経営者が，成長とリターンの目標と関連するリスクの最適なバランスをとるために戦略と目標を設定し，企業の目標を達成するために資源を効率的かつ効果的に展開することで，価値が最大化される」というものである。この枠組みはリスク管理の取り組みにおいて様々な組織から広く受け入れられてきたが，時の経過とともにリスクの複雑さが変化し，新しいリスクが出現し，取締役会と経営幹部の両方が，リスク報告の改善を求めながら，全社的リスクマネジメントに対する認識と監視を強化する必要性が強くなっていった。それを受けて，2017年にこの枠組みが改訂されることになった。

　その骨子は，以下のとおりである。
－全社的リスクマネジメントを，様々な利害関係者の期待により明確に結びつける。
－リスクを独立した問題としてではなく，組織業績の文脈の中で位置づける。
－変化はリスクを発生させる可能性だけでなく，チャンスを生み出すものであることを理解した上で，組織がリスクをより適切に予測し，先手を打つことを可能にする。

　経営陣は，全社的リスクを管理する総合的な責任を負っているが，それ以上に，全社的リスクマネジメントを利用して競争上の優位性を獲得することについて，取締役会や利害関係者との対話を強化することが重要である。さらに重要なのは，このプロセスを通じて，経営陣が，リス

クを明確に考慮することが戦略の選択にどのような影響を与えるかについてより良い理解を得ることである。全社的リスクマネジメントは，状況の変化に伴う戦略の強みと弱み，および戦略が組織のミッションとビジョンにどの程度適合しているかという視点を加えることで，経営陣の視野を明るくする。また，経営陣は，代替戦略を検討し，選択した戦略を実行する組織内の人々の意見を考慮することで，意思決定に確証を得ることが期待される。

　COSOのERMでは，戦略を「組織がそのミッション・ビジョンを達成し，コアバリューを実現するための計画」と定義している。ここで，ミッションとは，「事業体の中核の目的であり，事業体が達成したい事柄と事業体の存在意義を明確にするもの」をいい，ビジョンとは「事業体が願望する将来像，または長期的に組織が達成したい目標」で，コアバリューとは，「組織の行動に影響を与える，善悪や，許容できることとできないことに関する事業体の信条と信念」をいう。

　企業活動のシナリオに従って，ERMは次の図のように進められる。その枠組みは，相互に関連する5つの構成要素で構成された原則の集合体である。

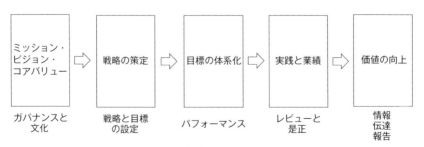

図5－4　COSOによるERMの枠組み

①**ガバナンスと文化**　ガバナンス：組織の基調となるものであり，ERMの重要性を強化し，その監督責任を確立する。文化：倫理的価値観，望ましい行動，企業におけるリスクの理解に関連する。

②**戦略と目標の設定**　ERM，戦略および目標設定は，戦略策定プロセスで相互に連携する。事業目的は，戦略を実践するためのものであり，リスクを特定し，評価し，対応するための基礎となるものである。

③**パフォーマンス**　戦略や事業目標の達成に影響を及ぼす可能性のあるリスクを特定し，評価する必要がある。リスクは，リスクアペタイトに照らし合わせて，その重大性に応じて優先順位付けされる。その後，組織はリスク対応策を選択し，引き受けたリスクの量をポートフォリオとして把握する。このプロセスの結果は，主要な利害関係者に報告される。

④**レビューと是正**　事業体のパフォーマンスをレビューすることにより，組織は，時間の経過や大幅な変化に照らして，ERMの構成要素がどの程度機能しているか，どのような是正が必要かを検討することができる。

⑤**情報，伝達，報告**　ERMには，内部および外部の情報源から必要な情報を入手し，共有するという継続的なプロセスが必要であり，それを組織全体に円滑に流す必要がある。

　長期的には，全社的リスクマネジメントは，企業のレジリエンス（変化を予測して対応する能力）を高めることもできる。全社的リスクマネジメントは，単なるリスクではなく，変化を示す要因を特定し，その変化がどのように業績に影響を与え，戦略の転換を必要とするかを明らかにするのに役立つ。変化をより明確に把握することで，例えば，防衛的に撤退すべきか，それとも新規事業に投資すべきかなど，組織は独自の計画を立てることができる。全社的リスクマネジメントは，取締役会が

リスクを評価し，レジリエンスの考え方を取り入れるための適切なフレームワークを提供すると考えられる。

【学習課題】

1．リスクとは何か。また，企業を取り巻くリスクには具体的にどういうものがあるかあげなさい。
2．リスク・マネジメントの重要性について述べなさい。
3．リスク・マネジメントと内部監査の関係について整理しなさい。

参考文献

齋藤正章『管理会計（四訂版）』放送大学教育振興会，2022年。

島田裕次著『内部監査入門』泳翔社，2008年。

谷口靖美・牧正人『リスク・コントロール・セルフ・アセスメント』同文舘出版，2015年。

トレッドウェイ委員会組織委員会『全社的リスクマネジメント フレームワーク篇』（八田進二監訳，中央青山監査法人翻訳）東洋経済新報社，2006年。

同上『COSO 全社的リスクマネジメント―戦略およびパフォーマンスとの統合―』（一般社団法人日本内部監査協会，八田進二，橋本尚，堀江正之監訳）同文舘出版，2018年。

ナシーム・ニコラス・タレブ『ブラック・スワン−不確実性とリスクの本質』（上・下）望月衛訳，ダイヤモンド社，2009年。

6 | 内部監査とリスク・マネジメント（2）

蟹江　章

《**学習のポイント**》　本章では，組織が直面する不正リスク要因を「不正のトライアングル」モデルで概観した後に，不正会計リスク，コンプライアンスリスク，ITリスクなどに対応するために，内部監査がどのような視点から関与すべきかを理解する。
《**キーワード**》　不正のトライアングル，不正会計，コンプライアンス，コーポレートガバナンス，ITリスク

1. はじめに

　企業による違法行為，不正，不祥事などが跡を絶たない。製品やサービスの品質を偽ったり，不正な会計情報を公表したり，あるいは顧客情報を漏洩させてしまったりと，様々な事件が次々と起こっている。なぜこうした事態が繰り返されるのだろうか。なぜ企業は過去の事例を教訓とすることができないのだろうか。コンプライアンスやコーポレートガバナンスといった言葉が耳目を集めているが，これらの意味は必ずしも十分に理解されていないようである。

　意図的に行われる違法行為や不正は，何らかの予防策を講じれば防げるのではないかとも考えられるが，実際には同じような違法行為や不正が繰り返し起こっている。万全の備えがなされていたはずなのに，事件や事故を防ぐことができなかったケースも決して少なくない。残念ながら，不正や事故などを完全になくすことはできない。また，それらのリ

スクをゼロにすることも難しい。しかし，不正や事故が起こりにくい環境を整備・維持したり，万が一発生した時の影響を緩和したりすることはできるのではないだろうか。そして，そこに，内部監査の出番があるのではないだろうか。

　本章では，企業の経営目的の達成を阻害するばかりか，場合によっては，企業の存続をも危うくするようなリスクに対処するに当たって，内部監査がどのように貢献することができるかについて考えてみたい。

2.　不正のトライアングル

　不都合や問題が起こるとき，そこには何らかの原因があったり，いくつかの要因が複合的に作用していたりするものである。企業不正についても同様であり，世間を騒がす不正事件の背後にも，複合的な要因が存在する。こうした，不正を引き起こす複合的な要因を説明したモデルとして，アメリカの犯罪学者であるD.R.クレッシーが提唱した，「不正のトライアングル」モデルが有名である。

　このモデルは，「動機・プレッシャー」「機会」および「姿勢・正当化」という3つの要因が同時に揃うと，善良な者でも犯罪者になり得るというものである（図6－1）。もちろん，これらが同時に揃えば必ず不正が行われるというわけでないが，不正発生のリスクは非常に大きくなる。この意味で，これら3つの要因は，「不正リスク要因」であるというこ

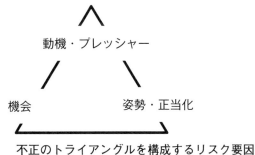

図6－1　不正のトライアングルを構成するリスク要因

とができる。

　本節では，3つの「不正リスク要因」について簡単に説明しよう。

（1）　動機・プレッシャー

　経営者および従業員が不正を犯す動機またはプレッシャーとして，例えば，表6－1に示すようなものが考えられる。

表6－1　動機・プレッシャー

＜経営者＞	＜従業員＞
・過当な競争	・多額の個人的債務
・急激な環境変化	・リストラの公表・予想
・投資者等からの過度の期待	・給与体系の大幅な変更
・財務制限条項の存在	・昇進や昇給に対する不満　など
・業績連動型報酬制度　など	

　例えば，投資者からの期待が株価に表れ，それに報酬が連動する仕組みになっていると，経営者は，投資者の期待に応えることで株価を上げ，高額の報酬を得たいと考えるであろう。そのために経営者に対して正当な努力を促すのが，業績連動型報酬制度の本来の趣旨である。しかし，期待に応えられるほど業績が伸びず株価も上がらない場合には，経営者は，決算数値を操作すること（いわゆる「粉飾」）によって，業績の偽装を図るかもしれない。

　従業員による不正は，多くの場合，現金や商品などの，会社財産の横領や着服といった形で行われる。生活費や遊興費として個人的に多額の借金を抱えている場合，会社の現金を横領して返済に充てるといった不正が行われる恐れがある。

（2）　機会

　経営者や従業員に不正を許す機会として，例えば，表6－2に示すようなものが考えられる。

表6－2　機会

＜経営者＞	＜従業員＞
・関連当事者間取引 ・取引上の立場 ・異常・複雑な取引 ・重要な会計上の見積り ・タックス・ヘイブン　など	・多額の手許現金 ・小型・高額商品の取扱い ・職務分掌・内部牽制の不備 ・従業員の採用手続の不備 ・IT化された記録へのアクセス制限 　の不備　など

　極めて複雑な取引や会計上の見積りには，経営者による実質的な判断をともなうことがある。このような場合，経営者が恣意的な判断を行うことによって，自らの不正を偽装することが可能となる。また，従業員が多額の手許現金を管理している場合や，宝石・貴金属のような小型で高額な商品を取り扱っている場合には，内部牽制が十分に働いていないと，従業員に横領や着服の機会を与えることになる。

（3）姿勢・正当化

　経営者が，不正を許さないという毅然とした姿勢を示していなかったり，経営者自身あるいは従業員が，自らの不正を正当化する態度をとったりすると，不正の抑止が難しくなる（表6－3）。

表6-3　姿勢・正当化

＜経営者＞	＜従業員＞
・不適切な経営理念・企業倫理	・監視活動の不備
・会計方針への介入	・内部統制の不備の放置
・株価・利益への過剰な関心	・処遇に対する不満
・経営者のモラル	・少額の窃盗の容認　など
・内部統制の不備の放置　など	

　経営者が，不正または違法な手段を用いてでも利益を上げることを要求するような経営姿勢を示せば，企業全体が，違法や不正を許容ないし正当化する文化を醸成してしまうであろう。また，企業の監視活動や内部統制における不備が放置されていると，従業員は，十分な管理が行われていれば，自分は不正を犯さなかったといった，都合のよい言い訳をするかもしれない。

　かつて，アメリカで邦銀の現地嘱託行員が，米国債の無断取引による多額の損失を12年間にわたって隠蔽し，銀行に大きな損害を与えたという事件があった。後に，その行員自身が事件の顛末を記した本を出版したが，その中に，不正のトライアングルにおける不正リスク要因を見事に示す記述があるのは実に興味深い（**表6-4**）。

表6－4　不正のトライアングルの実例

＜動機＞　ニューヨーク支店では，既に私がそれまでに稼いだ数万ドルの利益をあてにして仮決算を組んでいたので今さら一取引で全額をふいにしましたとは言えなかった。（中略）嘱託という身分でありながら数年の実績で折角ここまで手腕を認められつつあった当時，この一取引の失敗で全てを反故にすることは是が非でも避けたかった。
＜機会＞　この時私は債券取引の記帳，伝票作成，払込決済の全てを担当していたので，この損失を計上せず，一年間でも先送りすることは容易であった。
＜正当化＞　私が無断取引に手をそめざるを得なかったのも，（中略）もとはと言えば銀行の経営管理に欠陥があったからだ。

出典：井口俊英（1997年）p.130，p.165

3．不正会計と内部監査

　企業，とりわけ上場会社が行う不正として，不正会計，いわゆる粉飾ほど社会に大きな影響を及ぼすものはないだろ。不正会計は，上場会社に開示が義務づけられている財務諸表（会計情報）に重要な虚偽表示を行うことによって，一般投資者をはじめとする，会社の利害関係者を欺くことを目的とする不正である。

　上場会社による不正会計はたびたび発覚しているが，そのたびに監査法人（公認会計士）による財務諸表監査が実施されているにもかかわらず，なぜ防止または発見されないのかといった批判的な指摘がなされている。財務諸表監査に不正会計の発見が期待されているのはもちろんだが，適切な監査が行われたとしても，不正会計が見逃がされて不適切な監査意見が表明されるリスク（監査リスク）が，一定程度存在するのは

やむを得ないと考えられている。つまり，不正会計の発見に関して，財務諸表監査には克服し難い限界が存在すると言わざるを得ないのである。

　財務諸表監査では，企業の経営活動にともなって必然的に発生する，財務諸表への虚偽表示のリスクが，どの程度コントロールされているかを評価した上で，監査リスクを十分に低く抑えられるように監査手続が実施される。虚偽表示の発生を防止するためのコントロールは，財務報告に係る内部統制によって行われるが，適切な内部統制を整備して効果的に運用する責任は，最高経営者にある。そして，内部統制の有効性を独立評価機能としてモニタリングして経営者にアシュアランスを提供し，場合によっては，不備や脆弱性の改善について助言や勧告を行うのが，他ならぬ内部監査の役割なのである。内部監査からの助言や勧告によって内部統制の有効性が向上すれば，結果的に，財務諸表監査における監査リスクの低減にもつながるであろう。

　過去の事例を見ると，不正会計は，ほとんどの場合，企業の経営成績が振るわないときに行われている。経営の有効性と効率性が損なわれ，経営目的の達成が危ぶまれているにもかかわらず，こうした実態を隠蔽するために不正会計が行われるのである。不正会計を発見することは，内部監査であるか，財務諸表監査のような外部監査であるかにかかわらず，監査にとって重要な役割である。不正会計を発見することによって，その後の経営危機発生のリスクを下げることができるかもしれないからである。

　しかし，とりわけ内部監査に対しては，そもそも不正会計を行う必要のない状況，すなわち，経営目的の達成が危ぶまれることのない状況の維持を支援することが期待されている。内部監査が健全な経営活動の継続を支援することによって，不正会計の発生リスクを低減させることが

できるかもしれないのである。

　このように，内部監査には，前節でみた不正のトライアングルを構成するリスク要因のうち，不正を行う「動機」を生まないように，効果的かつ効率的な経営活動を支援すること，ならびに不正を行う「機会」を与えないように，内部統制のコントロール機能をモニタリングすることという，2つの重要な役割が期待されているのである。

4．コンプライアンスと内部監査

　コンプライアンスという語は広く社会に普及してきたようだが，その意味については，依然として広狭2つの解釈がある（表6－5）。

表6－5　コンプライアンスの解釈

狭 義	法令を遵守することと考える。形式的な思考に陥ったり，法令に違反しない限り何をしてもよいという考え方になったりする恐れがある。
広 義	法令を遵守するだけでは十分ではなく，法令の背後にある倫理的・社会的要請に応じることが重要であると考える。法的責任が生じる問題に限らず，社会的要請に反した行動をとったことに対して社会的批判を受けることがあると考える。

（1）　狭義のコンプライアンスと内部監査

　コンプライアンスを「法令遵守」という狭い意味で理解する立場では，組織にとってのコンプライアンスは，経営活動を行う上で，最低限満たすべき前提要件となる。コンプライアンス違反とならないように，経営活動が法令に違反していないかどうかを常に確認する必要がある。しかし，この立場においては，通常，コンプライアンス自体が，経営活動を

行う上での意思決定の問題となることはない。なぜならば，法令を遵守しながら健全に運営されている組織においては，改めて法令遵守について意思決定を行うことも，逆に，敢えて違法行為を行うことについての意思決定を行うこともないからである。つまり，コンプライアンスを法令遵守として狭義に理解する場合には，組織は，文字どおり法令遵守という当たり前のことを，当たり前に実行すればよいということになる。

とはいえ，敢えて違法行為が行われるリスクは決してゼロではないため，不正のトライアングルモデルが示唆するリスク要因には常に留意する必要がある。内部監査は，経営活動が法令に違反することなく遂行されているかどうかを監査して，コントロールの有効性に対してアシュアランスを提供するか，大きなリスクが認識された場合，あるいは実際に法令に違反する事実を発見した場合には，最高経営者またはガバナンス機関に対して，対処または是正を勧告することになる。

（2） 広義のコンプライアンスと内部監査

一方，コンプライアンスを，法令遵守にとどまらず，倫理的・社会的要請に応えることを含む，より広い概念と捉える立場がある。倫理的・社会的要請に応えるとは，例えば製薬会社であれば，治療効果がありかつ安全な薬を製造し，その薬を必要としている患者が買うことのできる価格で販売することであろう。また，小売業であれば，人々が必要としている良質な商品を仕入れて，適正な価格で販売することといえるであろう。

こうした立場では，法令違反行為はもちろん，たとえ法令に違反していなくても，例えば，本当に必要な人が購入できないような高価格で商品を販売したり，商品の効能を誇大表示したりするといった，非倫理的または反社会的行為を行った組織は，社会からの厳しい批判にさらされ

るリスクがあると考える。社会からの支持を失えば十分な業績を上げることができなくなり，経営目的を達成できないばかりか，ひいては組織の存続にも重大なリスクが生じる恐れもある。

　コンプライアンスを広義に解釈する立場では，倫理的・社会的要請を積極的にくみ取り，これにどう応えていくかが，経営上の意思決定問題として認識される。例えば，企業倫理や企業の社会的責任（CSR）といった，広範な問題を意識した意思決定や経営活動が要求されるのである。戦略，ガバナンス，業績，将来の見通しなど，企業の財務情報と非財務情報を統合的に表示する「統合報告」の作成・公表は，こうした問題意識に基づく，社会とのコミュニケーションを意図したものということができる。

　社会的要請への対応は経営戦略に属する問題であり，これに関わる意思決定の適否は，取締役会や監査役会のようなガバナンス機関が判断すべきものである。このとき，内部監査の役割は，ガバナンス機関に対して，経営意思決定の妥当性や合理性などを判断するための材料となる情報を提供することである。内部監査がこの役割に傾倒して行った場合でも，監査業務の内容に本質的な違いは生じないと考えられるが，内部監査部門の位置づけが，最高経営者直属からガバナンス機関に帰属する形へと変化する可能性がある。これにともなって，アシュアランスの対象も，経営業務に関わるコントロールの有効性から，経営意思決定に関わるガバナンス・プロセスの有効性へとシフトすることになるであろう。

5.　コーポレートガバナンスと内部監査

　2015年に「コーポレートガバナンス・コード」（以下，「コード」という）が制定されたことによって，コーポレートガバナンスという言葉が

社会に広く普及することになった。コードの中では，コーポレートガバナンスに次のような定義が与えられている。

> 「コーポレートガバナンス」とは，会社が，株主をはじめ顧客・従業員・地域社会等の立場を踏まえた上で，透明・公正かつ迅速・果敢な意思決定を行うための仕組みを意味する。

　この定義は，あくまでもコードの視点で考えられるコーポレートガバナンスの姿を現しているに過ぎない。したがって，コーポレートガバナンスには他にも定義があり得るのであり，必ずしも確固たる意義が定まった概念ではない。

　コードの原案によれば，この定義は「攻めのガバナンス」を表しているとのことだが，その意味するところは，会社が果敢にリスクを取ることによって活発な経営活動を行い，利益を獲得できるようにコーポレートガバナンスが支援をするということであろう。そして，ガバナンスのプロセスが有効に機能しているかどうかを検証することが，内部監査に期待される役割ということになろう。

　企業の経営活動は，リスクテイクとリスクのマネジメントおよびコントロールから成り立っているといってもよいであろう。企業は，将来に向かって経営上の目的・目標を定め，これを達成するための戦略を立てて経営業務を遂行する。将来の活動結果には，必然的に，不確実性という意味でのリスクがともなうことになる。経営者は，リスクの受入許容限度を定めて，これを達成できるようにリスク・マネジメントを行わなければならない。

　リスク・マネジメントは，認識されたリスクに対して，あらかじめ何らかの緩和策を講じることによって，当該リスクを許容可能なレベルに

低減させるリスク・コントロールと，保険をかけるなどして，リスクの顕在化による損失に資金的に備えるリスク・ファイナンスに分けられる。有効なリスク・マネジメントがあってこそ，経営者は，果敢にリスクを取る経営意思決定ができるのである。

　組織の経営目的が定まれば，その実現に向けて経営業務が遂行されることになるが，業務は，経営者の経営方針や戦略などに基づいて適切にコントロールされなければならない。また，法令違反や非倫理的あるいは反社会的な行為を予防するためのコントロールも不可欠である。経営業務活動の結果（成果）は経営者に報告され，これに基づいて戦略の見直し，新たな目標の設定，リスク許容度の変更などの意思決定が行われ，次の業務活動サイクルに移行していくことになる。こうして，いわゆるPDCA（計画－実行－評価－改善）サイクルあるいはマネジメントサイクルとして，経営活動が展開されることになるのである。

　コーポレートガバナンスは，経営者によって実行されるマネジメントサイクル全体をモニタリング，監督，評価し，その結果に基づいて，経営者を規律づけたり動機づけたりするプロセスである。こうしたガバナンスのプロセスは，取締役会や監査役会または監査（等）委員会などの，ガバナンス機関によって遂行されるものである。内部監査は，ガバナンス・プロセスの監査を実施し，ガバナンス機関に対して，プロセスの有効性についてのアシュアランスを提供するか，不備や課題があればそれを指摘するとともに，改善に向けた助言や勧告を行うのである。

6. ITリスクと内部監査

　IT（情報技術）は，今や企業のような組織を支える重要な経営基盤の1つとなっている。ITを高度に活用することは，企業経営にとって

大きなメリットをもたらす一方で，そこには大きなリスクも潜んでいる。ITリスクは，適切にコントロールされなければ，企業経営に大きなデメリットあるいは脅威にさえなりかねないのである。

　経営業務におけるIT化が大きく進展している現代においては，内部監査の一部として，IT監査を実施することが不可欠となっている。IT監査は，ITリスクが適切にコントロールされているかどうかを検証し，コントロールの有効性についてアシュアランスを提供する業務である。また，コントロールに不備や脆弱性が認められれば，アシュアランス業務の枠内で，改善に向けた助言や勧告を行う。監査対象がITに対するコントロールであるということを除けば，基本的に一般的な業務の監査と変わるところはない。

　しかし，IT業務に関しては，情報セキュリティに関わる重大なリスク要因が存在しており，経営上の機密情報や顧客などの個人情報へのアクセス権のコントロールが適切になされていないと，重要な情報の漏洩につながり，企業に大きな損失をもたらす恐れがある。特に，ITの活用が高度な専門知識や能力を必要とすることから，人材不足や経費節減を理由に，情報管理業務を外部に委託するケースが多い。この時，委託先企業におけるセキュリティ管理や担当者のスキルやモラル教育などに不備があると，誤操作による情報の漏洩や担当者による秘密情報や個人情報の持ち出しが発生する恐れがある。

　企業の従業員が，モバイルPCを用いて業務を行うことが多くなっているが，こうした個人が使用するIT機器からの情報漏洩のリスクも見逃せない。もっとも，最近は，モバイルPCの内部メモリーにデータを保存できなくするとか，外部メモリーを使用できないようにするといった形でのコントロールが行われるようになっている。これにともなって，出先や出張先で作成したデータの保存に，クラウドを活用するケースが

増えている（図6−2）。

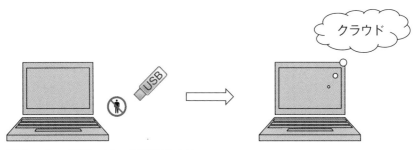

図6−2　情報・データ管理の方法

　クラウドとは，クラウド・コンピューティングの略称で，データを
PCやモバイル端末ではなく，インターネット上に保存するものである。
クラウドを活用することによって，従業員による重要データの入った
PCの置き忘れや，外部メモリーを用いた情報の持ち出しなどのリスク
を低減させることができる。

　しかし，その一方で，クラウドを利用することによって新たに発生す
るリスクもある。もしクラウド自体のセキュリティ管理が不十分だった
ら，クラウドから情報が漏れるリスクがある。また，クラウドのシステ
ムがダウンしてしまった場合，必要なデータが取り出せないとか，業務
用のシステムが停止してしまうといった深刻な事態に陥るリスクもあ
る。こうしたリスクが顕在化すれば，企業の存続に重大な影響が及ぶこ
ともあり得るのである。

　内部監査は，組織内における情報管理だけでなく，外部の委託先やク
ラウドコンピューティングシステムに対するコントロールについても情
報収集をして，重大なリスクが存在していないか，コントロールは有効
に機能しているかなどについて検証しなければならないのである。

7.　まとめ

　企業のような組織は，様々なリスクにさらされながら活動を行っている。不正会計や製・商品の品質偽装のような不正が行われるリスクは，企業側の対応次第でなくすことができそうに思えるが，実際には，これらのリスクをゼロにすることは極めて難しい。そのため，リスク要因の分析を行い，適切なコントロールを行うことで，リスクの顕在化を防止するべく努力する必要がある。

　「不正のトライアングル」モデルによれば，不正の背景には，動機・プレッシャー，機会および姿勢・正当化という要因がある。例えば，経営状態が悪くなれば，経営成績の偽装という不正実行の動機が生まれ，業務に対するコントロールに不備があれば，不正の実行を許すとともに，不正の正当化に口実を与えてしまうのである。内部監査には，コントロールの有効性の検証とともに，そもそも不正の動機となる経営状態の悪化を予防する役割が期待される。

　「コーポレートガバナンス・コード」の制定によって，いわゆる攻めのガバナンスが指向されるようになったが，経営活動は，本質的にリスクを取ることによって利益を獲得しようという活動であり，これを支援するのがコーポレートガバナンスの役割である。経営者は，リスク・マネジメントを行うことによってリスクの影響をコントロールし，ガバナンス機関は，リスク・マネジメントを含む，組織全体のマネジメントを監視，監督ならびに評価する。

　内部監査は，経営者にリスクに対するコントロールの有効性についてアシュアランスを提供するとともに，ガバナンス機関に対しては，ガバナンス・プロセスの有効性についてのアシュアランスを提供するという機能を担うのである。

【学習課題】

1．不正のトライアングルにおける不正リスク要因について，具体的な
　ケースを考えてみなさい。
2．不正会計のリスクを抑えるために，内部監査がどのように貢献でき
　るか考えなさい。
3．コンプライアンスの意義を広く捉えた場合に，内部監査がどのよう
　な関わりをもつことができるか考えなさい。
4．コーポレートガバナンスと内部監査との関わりを整理しなさい。

参考文献

井口俊英『告白』文藝春秋，1997年。
一般社団法人日本内部監査協会編『改訂版IT監査とIT統制』同文舘出版，2015年。
東京証券取引所『コーポレートガバナンス・コード』（http://www.jpx.co.jp）2018年。
浜田康著『粉飾決算』日本経済新聞出版社，2016年。

7 内部監査基準と内部監査の要件

蟹江　章

《学習のポイント》　本章では，まず，監査基準の一般的な機能を把握した上
で，わが国の『内部監査基準』のフレームワークに沿って，内部監査の本質，
品質管理，ならびに内部監査部門および内部監査人に求められる要件につい
て理解する。
《キーワード》　アシュアランス業務，内部監査の品質管理，独立性，正当な
注意

1. はじめに

　内部監査は，いわゆる任意監査として，企業等の組織が，自らの経営
に必要と認めて実施する監査である。このため，監査の方法や監査結果
の報告の仕方などは，基本的に企業等が必要に応じて自由に決めればよ
い。とは言うものの，企業等に内部監査の本質的な機能や，それを果た
すための手段に習熟した者がいなければ，監査手続や報告方法を適切に
定めるのは決して容易なことではない。そこで，内部監査のプロセスや
手続を一律に規制するわけではないが，内部監査を実施する際の指針と
なるものが必要になる。それが，『内部監査基準』である。
　わが国では，1960年に最初の『内部監査基準』が設定された。その「ま
えがき」には，「元来，内部監査についてはその『基準』なるものを設
定すべきか否かについての賛否の意見も存するが，本内部監査基準は内
容的に内部監査のあるべき姿を理想的に打ち出すというよりは，各企業

の内部監査の現状を考慮に入れて，それが現在当面している問題点を打開するための考え方を明らかにし，また合理的に内部監査を運営するための基準たらしめることを意図したものである。」と記されている。

　その後わが国における内部監査の実務は大きく発展し，それに対応すべく，『内部監査基準』は数度にわたって改訂されてきた。また，より実践的な指針である，『内部監査基準実践要綱』も設けられている。

　本章では，わが国の『内部監査基準』が内部監査をどのように規定し，効果的な内部監査のために，どのような要件を定めているのか見ることにする。

2. 『内部監査基準』の展開

　わが国で最初の『内部監査基準』は1960年に設定され，その後4度の改訂を経て今日に至っている。この間，1963年に『業務監査指針』，1982年に『標準的内部監査制度の実践要綱』，1996年には『内部監査基準実践要綱』が設けられている。これらの基準等の制定・改訂の経過は表7-1に示すとおりである。

表7-1　『内部監査基準』等の展開

1960年	内部監査基準　制定
1963年	業務監査指針（中間報告）　発表
1977年	内部監査基準　改訂
1982年	標準的内部監査制度の実践要綱　制定
1996年	内部監査基準　改訂
1996年	内部監査基準実践要綱　制定
2004年	内部監査基準　改訂
2006年	内部監査基準実践要綱　改訂
2014年	内部監査基準　改訂

　本教材執筆時点では，『内部監査基準』は，2014年に改訂されたものが最新版である。『内部監査基準実践要綱』は，『内部監査基準』における基本的事項をさらに具体的・詳細に記述した実践のためのガイドラインだが，この時点では最新版の『内部監査基準』には対応していない。このため，本章では，最新版の『内部監査基準』の規定内容を概観することにしよう。

　ところで，第2章で紹介したように，内部監査は，アメリカでIIA（内部監査人協会）が設立されたことによって，その後大いに発展することになる。そして，その背景には，IIAが，内部監査の意義，機能，手続などを記した意見書やフレームワークを発表し，内部監査の実務を先導してきたことがある。現在，IIAが作成・公表している『専門職的実施の国際フレームワーク』（International Professional Practices Framework ; IPPF）は，内部監査の実施に関するグローバルスタンダードとなっている。

　わが国の『内部監査基準』および『内部監査基準実践要綱』は，IPPFが示す内部監査の実践に関するグローバルスタンダードの展開を考慮しつつ，わが国の企業における内部監査の実務に適合するものとなるように編集されている。これによって，近年，わが国企業においても内部監査が急速に浸透し，実務の水準も向上しているのである。

　しかしながら，『内部監査基準』も『内部監査基準実践要綱』も，内部監査の実務を規制しようとするものではなく，各企業は，それぞれの実情に応じた内部監査を実施することが肝要である。各社が，その事情に適合する独自の内部監査規程を設け，これに従って監査が実施されることが望ましい。この時，制定される独自の内部監査規程が，『内部監査基準』および『内部監査基準実践要綱』に裏づけられていることが，内部監査全体の品質水準の確保にとって重要な意味をもつのである。

3. 監査基準の機能

　内部監査に限らず，監査を実施する際には，そのプロセスの客観性や品質を確保するために，何らかの基準が求められる。一般に，監査基準には，監査の有効性や信頼性を担保する機能を果たすことが期待されている。本節では，まず，こうした監査基準の一般的な機能について考えてみる。

（1）　監査手続の標準化

　一般に，監査の手続は，監査人が監査対象について結論を得るために必要と認めるものが選択され実施される。このため，どんな手続を選択してどのように実施するかは，基本的に監査人の判断に任せるべきなのかもしれない。しかし，例えば，公認会計士のような職業的専門家でも，監査人としての能力や経験は一様ではない。人によって監査手続の選択に対する判断がばらついたり，実施の方法や内容に差異が生じたりすれば，監査結果が大きくぶれる恐れがあり，監査の品質や結果に対する信頼を損なうことにもなりかねない。こうした問題を回避するためには，すべてを監査人の判断に委ねるのではなく，何らかの指針を定めて，監査手続の選択と実施の方法および内容を，ある程度標準化することが望ましい。

　監査人は，監査対象に対して適切な監査結果を得ることができるように，必要な手続を誠実に実施しなければならない。もし不適切な監査結果を伝達すれば，監査人は責任を追及されることになるだろう。このとき問われるのは，選択・実施した監査手続が，妥当あるいは合理的なものだったかどうかである。どの手続を選択すれば妥当または合理的と認められるかの判断は，監査人にとって必ずしも容易でない場合がある。

特に，経験の浅い監査人には負担が大きいであろう。そこで，標準的な手続を明らかにすることによって，妥当性や合理性の判断基準を示すことが要請されるのである。監査手続が標準化されれば，監査の品質や結果の信頼性が向上し，監査の利用者にとっても利益になるだろう。

（2）　監査人の責任の明確化

　監査人は，監査を引き受けることによって，監査対象に適合する適切な監査手続を選択・実施して，適切な監査結果を導き報告する責任を負うことになる。監査人は，適切な監査結果を報告すれば責任の追及を受けることはないだろうが，実は，監査人は，監査結果そのものに対して直接責任を負っているのではない。監査人が責任を果たしたかどうかは，監査結果を得るために，適切な監査手続を実施したかどうかによって評価されなければならないのである。

　現代の監査では，監査対象を網羅的に検証することは困難であり，実施可能な監査手続に基づく推定による結果を報告しているに過ぎない。このため，監査人は，監査結果に絶対的な責任を負うことはできず，実施した監査手続に照らして合理的と判断される結果に対して，相対的な責任を負うことしかできないのである。しかし，逆の見方をすれば，結果さえ間違っていなければよいという，いわゆる“結果オーライ”では責任を果たしたことにならないということもできる。

　監査基準は，適切な監査結果を導くと認められる監査手続を，標準的な監査手続として規定する。実際には，監査人自身が，状況に応じて適切な監査手続を選択・実施しなければならない。しかし，少なくとも監査基準に規定されている監査手続を実施すれば，監査人は，最低限の責任を果たしたと認められることになる。また，監査の利用者も，監査基準に基づいて監査人の最低限の責任水準を認識し，これに同意すること

を求められるのである。

（3）　監査人の役割の明確化

　監査人は，監査基準に規定される標準的な監査手続によって，自らに期待される役割を認識することができる。例えば，監査基準によって，不正な会計処理に起因する財務諸表の重要な虚偽表示を見逃さない監査手続の実施を要求されていれば，監査人は，重要な虚偽表示の有無を適切に反映した監査意見の表明という役割を認識する必要がある。この役割を果たすためには，重要な虚偽表示の原因となる不正な会計処理の有無を確かめる必要があり，そのための監査手続を実施しなければならない。

　しかし，この場合でも，不正な会計処理を発見して報告すること自体は，監査人の一義的な役割ではない。財務諸表が適正に表示されていないという監査意見を表明する際には，重要な虚偽表示の原因となった不正な会計処理の存在に言及する必要があるため，これによって，間接的に不正な会計処理について報告することになると考えるべきであろう。

　監査基準は，監査の目的を，効果的かつ効率的に達成するための規定を設けている。監査人の役割は，監査の目的と無関係に認識されることはできない。例えば，公認会計士が監査人となる財務諸表監査では，財務諸表が適正に表示されているかどうかについての意見を表明することが目的であるとされている。したがって，不正な会計処理や誤謬などの個々の事実を指摘することではなく，そうした事実を考慮した上で，総合的な意見を表明することが，監査人の役割であると認識されるべきなのである。

　監査人は，監査基準に基づいて自らの役割を認識し，その役割を果たすべく監査を実施することになるが，監査の利用者も，監査基準に基づ

いて，監査人に期待できる役割を適切に理解する必要がある。

4. 『内部監査基準』のフレームワーク

　一般に，監査基準には，監査の目的が効果的かつ効率的に達成されるように導く機能が期待される。こうした機能を果たすために，監査基準には，どのような事項が規定されるのだろうか。本節では，わが国の『内部監査基準』のフレームワークを概観する。

　すでに述べたように，わが国の『内部監査基準』は，1960年に設定された後，4度の改訂を経て今日に至っている。現行の『内部監査基準』は2014年改訂版で，表7−2に示すようなフレームワークをもっている。

表7−2　わが国の『内部監査基準』のフレームワーク

内部監査の必要および内部監査基準の目的・運用
第1章　内部監査の本質
第2章　内部監査の独立性と組織上の位置づけ
第3章　内部監査人の能力および正当な注意
第4章　内部監査の品質管理
第5章　内部監査部門の運営
第6章　内部監査の対象範囲
第7章　個別の内部監査の計画と実施
第8章　内部監査の報告とフォローアップ
第9章　内部監査と法定監査との関係

（1）　内部監査の必要と『内部監査基準』の目的・運用

　企業のような組織では，経営目的を効果的かつ効率的に達成するために，ガバナンス，リスク・マネジメントおよびコントロールの仕組みが整備され，運用される。そして，これらの仕組みが有効に機能している

かどうかについては，継続的なモニタリングまたは定期的な検証が必要となる。内部監査は，こうした仕組みの整備状況や，それらのプロセスの妥当性や有効性を評価し，必要に応じて改善に向けた助言や勧告を行う機能である。

　内部監査を実施するかどうか，あるいはどのような形で実施するかは，基本的に各組織がその必要に応じて決めればよい。内部監査が効果的に実施されると，例えば，経営目標や最高経営者が認識しているリスクを組織全体に浸透させること，リスクに対応した有効なコントロールを整備・運用すること，組織の各層における管理者を支援することなどが可能となる。逆に，内部監査のような機能が存在しない組織では，最高経営者の方針やリスク認識が共有されにくくなったり，リスクを有効にコントロールできなかったりするなど，組織の目的達成に重大な支障が生じる恐れがある。

　『内部監査基準』を設定する目的として，**表7－3**に示すような点があげられている。

表7－3　わが国の『内部監査基準』の目的

①内部監査の実務において範となるべき基本原則を明らかにすること
②組織体の目標達成のために内部監査を実施し，これを推進するためのフレームワークを提供すること
③内部監査の実施とその成果を評価する規準を確立すること
④内部監査が組織体の運営プロセスや諸業務の改善の促進に役立つようにすること
⑤内部監査の実施内容の開示に関する要件の基礎を提供すること

　『内部監査基準』は，適用にあたっては，個々の組織に特有の条件を理解してこれを勘案し，この基準を前提にしながらも，当該組織に真に

適合する内部監査の実施方法を採用する必要があるとしている。しかし，その一方で，各組織においては，それぞれに特有の内部監査の実施方法がとられるにしても，内部監査人がその責任を果たすにあたっては，この基準が尊重されなければならないとも述べている。

『内部監査基準』は，一般的な監査基準と同様に，監査手続の標準化，監査人の責任および役割の明確化という，3つの機能を果たすものであることがわかるであろう。

（2）内部監査の本質

『内部監査基準』は，内部監査の本質を次のように説明している。

> 内部監査とは，組織体の経営目標の効果的な達成に役立つことを目的として，合法性と合理性の観点から公正かつ独立の立場で，ガバナンス・プロセス，リスク・マネジメントおよびコントロールに関連する経営諸活動の遂行状況を，内部監査人としての規律遵守の態度をもって評価し，これに基づいて客観的意見を述べ，助言・勧告を行うアシュアランス業務，および特定の経営諸活動の支援を行うアドバイザリー業務である。

内部監査の目的は，組織体の経営目標の効果的な達成に役立つことである。この目的を達成するために，内部監査人は，アシュアランス業務およびアドバイザリー業務を行うことになる。

アシュアランス業務は，組織のガバナンス・プロセス，リスク・マネジメントおよびコントロールに関する経営活動を評価した上で意見を述べ，場合によっては，助言や勧告を行う業務である。一方，アドバイザリー業務は，特定の経営活動について，例えば，有効性や効率性を改善するために，当該業務の診断に基づいて助言を提供する業務であり，業

務部門からの具体的な要請に基づいて実施される。

　内部監査人は，経営諸活動が法令に違反していないか，合理的に実施されているかを，公正に，そして他者からの影響を受けることなく，自らの信念に従って，客観的かつ誠実に評価することを求められている。内部監査を有効に機能させるためには，標準的な監査手続を定めるだけではなく，それを実施する内部監査人の要件を明らかにしなければならないのである。内部監査人の要件については，次節で少し詳しく見ることにする。

（3）　内部監査の品質管理

　『内部監査基準』は，内部監査部門長に対して，内部監査の品質，すなわち内部監査の有効性と効率性を保証し，それを継続的に改善していくために，内部監査の品質管理プログラムを作成し保持するとともに，有効性と効率性を持続的に監視する品質評価の実施を求めている。品質評価には，内部評価と外部評価がある。

　内部評価は，内部監査部門の日常的業務に組み込まれた継続的モニタリングと，定期的自己評価，または，内部監査の実施について十分な知識を有する，組織内の内部監査部門以外の者によって実施される定期的評価からなり，少なくとも年に1回実施しなければならない。

　外部評価は，組織の外の適格かつ独立の者によって実施され，内部監査の品質を内部評価よりも客観的に評価する手段であり，少なくとも5年ごとに実施することが求められている。

　品質評価の結果は，最高経営者，取締役会および監査役会，監査委員会または監査等委員会に報告されなければならない。

5. 内部監査の要件

　前節では，『内部監査基準』が定める内部監査の目的，本質および品質管理などについて簡単に紹介した。本節では，内部監査の組織上の位置づけや，内部監査人に求められる要件についてやや詳しく見ることにしよう。なお，『内部監査基準』が規定する，内部監査の実施および報告プロセスについては，次の第8章以下で説明する。

（1）　内部監査の独立性と組織上の位置づけ

　一般に，監査の有効性は，監査人が，他者，とりわけ監査対象に関わる者からの影響や制約を受けることなく，自らの信念に基づいて，客観的かつ誠実に判断できるかどうかに依存する。監査人が自らの信念に基づいて判断できる状態を，監査人の独立性（精神的または実質的独立性）という。

　『内部監査基準』では，「内部監査人は，内部監査が効果的にその目的を達成するため，内部監査の実施において，他からの制約を受けることなく自由に，かつ，公正不偏な態度で内部監査を遂行しうる環境になければならない。」と規定し，内部監査人が，独立性を保持して監査業務を実施できる環境の確保を要請している。

　一般に，内部監査人には，組織内の人事異動によって内部監査部門へ配属された者がなるため，内部監査人となった者が直前まで所属していた業務部門も監査対象に含まれることになる。内部監査人の独立性を確保し，公正かつ客観的な判断ができるようにするためには，直前に所属していた部門に対する監査業務を担当させないといった措置が必要である。しかし，人員に余裕のない内部監査部門では，難しい対応を迫られることになる。このため，内部監査人には，公正不偏な態度で監査を実

施しなければ，組織の目的達成に貢献することができないばかりか，場合によっては，組織の存続を危うくするような事態を招くこともあるという，強い自覚が求められるのである。

　また，「内部監査部門は，その対象となる諸活動についていかなる是正権限も責任も負うことなく，内部監査人が内部監査の遂行にあたって不可欠な公正不偏な態度を堅持し，自律的な内部監査活動を行うことができるように，組織体内において独立して組織されなければならない。」と規定している。もし，内部監査人が，自ら監査した活動を是正させると，後日，当該活動が監査対象となった際に，客観的な判断を下すことができなくなる恐れがある。このため，権限と責任ならびに組織上の位置づけにおいて，監査人を監査対象の活動から切り離すことによって，いわゆる「自己監査」とならないように配慮することが求められているのである。

　なお，是正権限をもたないことと，アシュアランス業務に助言や勧告が含まれることとが矛盾するように見えるかもしれないが，ここで言う助言や勧告は，最高経営者に対する報告の中に含まれるものであり，監査対象部門に対して直接行われるものではない。内部監査人から報告を受けた最高経営者が，諸活動に対する是正を行うとともにその結果に責任を負うのであり，内部監査人自身は経営活動に対しては何の権限も責任ももたないのである。

　『内部監査基準』では，内部監査部門は，組織上，最高経営者に直属するとされている。すなわち，内部監査人は，最高経営者からの指示で監査業務を行うのである。したがって，監査結果の報告は，一義的には最高経営者に対して行われることになる。しかし，職務上は取締役会から指示を受けるとされていることから，取締役会に対しても報告するほか，監査役（会），監査委員会または監査等委員会という，組織のガバナ

ンス機関に対する報告経路も確保する必要がある（図7－1）。

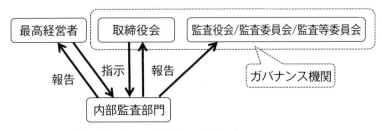

図7－1　内部監査部門の組織上の位置づけ

　このように，内部監査人は，組織上，最高経営者やガバナンス機関によって裏づけられた権限を背景とすることによって，独立した立場で，経営諸活動を公正かつ客観的に監査することができるのである。

（2）　内部監査人の能力と正当な注意

　内部監査は，事実や記録の単なる突き合わせ作業ではなく，事実や記録を照合した結果に基づいて，組織のガバナンス，リスク・マネジメントならびにコントロールの各プロセスに関わる活動が，経営目的の達成に対して，有効かつ効率的に運用されているかどうかを判断する業務である。したがって，内部監査の実効性は，内部監査人の能力やスキルに大きく左右されることになるのである。このため，『内部監査基準』では，内部監査人について，一定の専門的能力と，専門職として払うべき正当な注意を規定している。

　効果的な内部監査を実施するためには，個々の内部監査人が十分な知識，スキルなどを備えていなければならない。その上で，内部監査の品質を高め，監査結果に対する信頼を維持するために，内部監査人は，知識やスキルを維持・向上させるために，継続的に研鑽を積む必要がある。

　『内部監査基準』は，内部監査部門長に対して，内部監査部門全体として十分な知識とスキルを確保するとともに，個々の内部監査人に対して，専門的知識やスキルなどを維持・向上できるように支援することを要求している。こうした支援には，例えば，一般社団法人日本内部監査協会が実施する各種研修会への参加や，公認内部監査人（CIA）をはじめとする，様々な専門資格の取得を推奨することなどが含まれる。

　内部監査を実施するに際して，内部監査人は，「内部監査人としての正当な注意」を払わなければならない。内部監査人としての正当な注意とは，内部監査を実施する過程で，内部監査の専門職として当然に払うべき注意であり，『内部監査基準』では，**表7－4**に示す事項について特に留意する必要があると規定されている。

表7－4　内部監査人としての正当な注意

①監査証拠の入手と評価に際し必要とされる監査手続の適用
②ガバナンス・プロセスの有効性
③リスク・マネジメントおよびコントロールの妥当性および有効性
④違法，不正，著しい不当および重大な誤謬のおそれ
⑤情報システムの妥当性，有効性および安全性
⑥組織体集団の管理体制
⑦監査能力の限界についての認識とその補完対策
⑧監査意見の形成および内部監査報告書の作成にあたっての適切な処理
⑨費用対効果

　内部監査人は，こうした事項に留意しながら日常的な監査業務を行う必要があるが，監査部門長は，内部監査人が正当な注意を払って監査を行うように指導・監督する責任を負っている。

6. まとめ

　内部監査は，基本的に，組織の必要に応じて手続が決定され，実施される。しかし，実施する者の能力や経験の差によって，方法や内容に合理性のない差異が生じれば，監査の結果が大きくぶれる恐れがある。こうした問題を避けるためには，内部監査の基準を設定して，監査手続をある程度標準化することが望ましい。わが国では，1960年にはじめて『内部監査基準』が設定され，その後4度の改訂を経て現在に至っている。

　わが国の『内部監査基準』には，内部監査の本質，効果的な内部監査のための要件，内部監査の品質管理，ならびに内部監査の実施と結果の報告などについての規定が盛り込まれている。内部監査の要件としては，内部監査人の独立性を確保すること，最高経営者，取締役会および監査機関への報告経路を確保すること，専門的知識とスキルを維持・向上させること，ならびに内部監査人としての正当な注意を払って監査業務を遂行することなどが求められている。こうした要件を満たすことによって，内部監査の有効性が確保されるのである。

【学習課題】
1．監査基準の一般的な機能を整理しなさい。
2．任意監査である内部監査に基準が必要とされる理由を考えなさい。
3．わが国の『内部監査基準』が内部監査の本質をどのように考えているか説明しなさい。
4．内部監査および内部監査人にどのような要件が求められているか説明しなさい。

参考文献

一般社団法人日本内部監査協会編『改訂「内部監査基準」解説』一般社団法人日本
　内部監査協会，2015年。

8 | 内部監査のプロセス（1）

蟹江　章

《学習のポイント》　本章では，内部監査を実施するための体制整備，監査計画の策定，現地での本調査に先立って実施される予備調査といった，監査のプロセスについて理解する。また，リスク・アプローチと呼ばれる監査手法ならびにリスクの評価についても学ぶ。
《キーワード》　内部監査規程，リスク・アプローチ，リスクの評価，監査計画，予備調査

1. はじめに

　企業のような組織がその経営目的を効果的に達成し，経営活動を継続するためには，ガバナンス，リスク・マネジメントおよびコントロールの仕組みを整備し，効果的に運用しなければならない。そして，それらの整備および運用状況を内部監査によってモニタリングし，必要に応じて改善を図る必要がある。

　前章では，内部監査とは本質的にどのような機能であり，それを効果的に実施するためにはどのような要件が満たされなければならないかを，『内部監査基準』の規定に沿って概観した。

　本章と次章では，こうした内部監査が，どのような手続によって実施されるのかを，内部監査のプロセスに沿って，具体的に見ていくことにする。

　まず本章では，内部監査を実施するための体制整備，監査計画，なら

びに具体的な監査手続を実施するのに先立って行われる，予備調査など
について説明する。そして，次章では，実際に経営活動の現場に出向い
て実施する監査手続，監査結果の報告，ならびに内部監査の特徴の1つ
である，フォローアップなどについて説明する。

2.　内部監査の体制整備

（1）　内部監査規程の作成

　内部監査に対しては，組織の経営目的の達成を支援するために，最高
経営者やガバナンス機関のような特定の利用者に対して監査結果を報告
し，また，必要な助言や勧告を行うことが期待されている。報告すべき
監査結果は利用者ごとに様々であり，法定監査である公認会計士の財務
諸表監査とは違って，監査手続や監査報告書様式などの高度な標準化に
はなじまない。

　前章で見たように，内部監査人が内部監査を実施するにあたって遵守
すべき事項や，実施することが望ましい事項を規定する『内部監査基準』
が設けられているが，その適用に際しては，個々の組織がそれぞれに固
有の条件を考慮して，真に適合する内部監査の実施方法を採用する必要
がある。したがって，具体的な監査体制や監査手続の実施方法は，個々
の組織が独自に定めなければならないのである。

　内部監査は，組織におけるすべての業務が，効果的かつ効率的に実施
されているかどうかを検証することを役割とする監査である。それ自体
が1つの業務でもある内部監査の役割が効果的かつ効率的に果たされる
ためには，組織のすべての構成員が，内部監査の役割・機能について十
分な認識と理解をもつ必要がある。また，内部監査人も，自らに期待さ
れている役割，機能，職責を的確に理解しなければならない。内部監査

の役割や機能について組織全体で認識と理解を共有するために，「内部監査規程」が作成される。

　内部監査規程は，内部監査部門の使命，権限，責任などを規定し，組織において内部監査を実施する際のフレームワークを提供する。内部監査基準が監査のプロセスや手続を標準化するように，内部監査規程によって，組織における内部監査のプロセスや手続がある程度標準化されるのである。

　様々な業務を対象とする内部監査のプロセスや手続を標準化することは，業務の性質や環境の変化に適合する監査の実施を妨げ，監査の有効性を損ねるとの見方もある。しかし，内部監査人は，組織の人事ローテーションにより一定期間で入れ替わる可能性があるため，すべてをその時々の内部監査人のやり方に委ねるのではなく，監査のプロセスや手続をある程度標準化することによって，監査の品質水準を確保できるようにしておくことが望ましいのである。

（2）　リスク・アプローチ監査

　一般に，内部監査は，図8−1に示すようなプロセスで行われる。

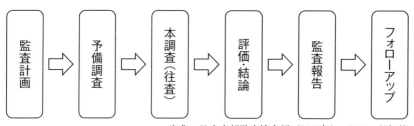

出典：日本内部監査協会編（2007年）p.84に一部加筆

図8−1　内部監査のプロセス

　監査計画を策定する際には，組織の経営活動や目的達成を阻害する要因としてのリスクを考慮しなければならない。内部監査部門が利用できる資源（人員，時間，予算など）には制約があり，組織におけるすべての業務を対象とするとはいっても，それらを網羅的に監査することはできない。そこで，リスクの大きさに応じて資源を戦略的に配分することによって，少なくとも重要な阻害要因の影響が，適切にコントロールできているかどうかを検証する監査手法が採用されるのである。こうした監査手法は，「リスク・アプローチ」と呼ばれている。

　リスク・アプローチは，経営目的の達成に影響を与えるリスクが小さい業務については，簡便な監査手続を実施することで資源を節約する。一方，大きなリスクがあると認められる業務に対しては，資源を重点的に配分して厳格な監査手続を実施する監査手法である（図8−2）。リスク・アプローチでは，経営目的の達成に対する重要な阻害要因は適切にコントロールされているかどうかを厳格に確かめなければならないが，そうでないものについてまで，一律に時間，労力，費用をかけて確認する必要はないという考え方を取るのである。

図8−2　リスクの大きさと監査資源の配分

　リスク・アプローチによる内部監査では，リスクが過小評価されると

監査手続が本来必要とされる厳格さを満たさないことになり，不適切な監査結果を導いてしまう恐れがある。逆に，リスクが過大評価されると希少な監査資源がムダ使いされ，全体としての監査の有効性が損なわれることにもなりかねない。リスク評価の適否が内部監査の有効性を大きく左右することになるため，的確なリスクの認識，分析ならびに測定を行う必要がある。

（3） リスクの評価

企業のような組織は，その経営目的を達成するために様々な活動を行わなければならない。経営活動は，**表8－1**に示すような様々なリスクをともなうが，これらの固有のリスクをすべて回避することはできない。

表8－1　経営活動にともなうリスク

戦略リスク	戦略目標が達成されないリスク
事業リスク	事業が失敗するリスク
オペレーショナルリスク	業務処理，業務運営が失敗するリスク
財務／財務報告リスク	財務状況が悪化するリスク，財務数字を誤るリスク
ディスクロージャーリスク	情報開示が適切に行われないリスク
市場リスク	為替レートや市場価格の変動によって損失を被るリスク
法的リスク	法規制などに違反するリスク
ITリスク	システム障害のリスク，ITガバナンスが確立できないリスク
災害リスク	自然災害および人的災害のリスク
不正リスク	不正により損害を被るリスク

出典：島田裕次（2008年）p.141に一部加筆

　経営者は，こうしたリスクに対する許容限度を定め，内部統制を構築
したりリスク・マネジメント体制を整備したりすることによって，固有
のリスクをその許容限度内に収められるようにコントロールしなければ
ならない。内部監査は，経営者によるリスクのコントロールが有効に機
能しているかどうかを評価し，有効と認められればアシュアランス（保
証）を提供する。もし不備や脆弱性が認められた場合には，改善に向け
た助言や勧告を行うこともある（図8－3）。

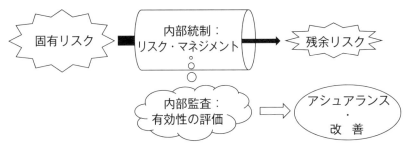

図8－3　経営者によるリスクのコントロールと内部監査

　リスクの大きさは，発生の確率と発生時の影響度（損失額）の関数と
して評価される。ここで注意しなければならないのは，内部監査人が評
価するリスクは経営活動に固有のリスクそのものではなく，内部統制な
どのコントロールによっても除去されなかったリスクである。このいわ
ゆる「残余リスク」の大きさは，コントロールの有効性と補数の関係に
ある（1－コントロールの有効性＝残余リスク）。

　第4章で説明したように，内部統制には，想定外の事態に対応できな
い場合があったり，費用便益の比較衡量により発生確率が小さい事象へ
の備えが後回しにされたりするという限界がある。このため，**図8－4**
に示すように，発生確率は低いが発生時の影響度が大きいリスクほどコ

ントロールが機能しにくく，結果として残余リスクが大きくなると考え
られるのである。

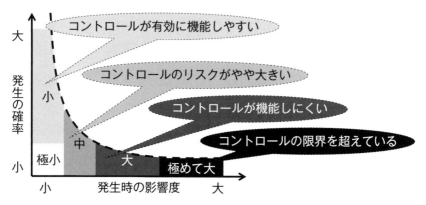

図8－4　コントロールの有効性と残余リスクの大きさ

　内部監査は，図8－4における左側に属するリスクが適切にコント
ロールされていることについてアシュアランスを提供するとともに，右
下に属するリスクの気配や兆候をできるだけ早く感知ないし発見し，リ
スクが顕在化して組織に致命的な損害が生じないように，あるいは損害
を最小限に食い止めたり事態をできるだけ早期に終息させたりできるよ
うに，組織の最高経営者やガバナンス機関を支援するのである。

3. 監査計画の策定

　内部監査の業務を効果的かつ効率的に実施するために，評価したリス
クを考慮して監査計画を策定する必要がある。内部監査の計画としては，
必要に応じて，中長期計画，年度計画ならびに個別計画が策定される。

（1）　中長期監査計画

　中長期監査計画は，通常，3年から5年の期間を対象として策定される。それは，最高経営者が掲げる経営方針や経営計画に従って経営活動が遂行された場合に，どのようなリスクが想定され，どのようなコントロールが必要になるかを考慮して，中長期的に内部監査部門の体制をいかに整備していくかについての基本方針を示すものとなる。そこには，内部監査の基本的方向性，要員の充実計画，システム化計画，予算および重要な技法が含まれなければならない（『内部監査基準』5.1.2）。表8－2は，中長期監査計画の記載事項の一例である。

表8－2　中長期監査計画の内容

記載事項	記載内容
監査の基本方針	組織の中長期計画に基づいて，内部監査部門が果たすべき役割についての基本方針，重点目標など
監査テーマ	監査の基本方針に基づいて取り上げるべき監査テーマ，監査対象
要員計画	監査の基本方針に沿った監査体制を整備するために必要な要員計画
監査人の育成計画	内部監査人として必要な能力の開発を促進するための計画
監査プロセスの改善	内部監査の役割の変化に応じた監査プロセスの見直し作業の計画

出典：日本内部監査協会（2007年）p.91に一部加筆

（2）　年度監査計画

　内部監査部門長は，組織の目標に適合するように内部監査実施の優先順位を決定するために，少なくとも年に1回行うリスク評価の結果に基づいて内部監査計画を策定しなければならない。また，組織内外の環境

変化に対応するために，必要に応じてリスク評価の結果を見直し，監査計画の変更を検討する必要がある（『内部監査基準』5.2.1，5.2.2）。

　年度のリスク評価に基づいて策定される監査計画では，リスクの大きさに基づいて，当該年度に優先的に監査対象とすべき事業や部門，当該監査における目的，監査資源の配分などを予定することになる。こうした年度ごとの監査計画に盛り込まれる事項としては，表8－3に示すようなものがある。

表8－3　年度監査計画の内容

記載事項	記載内容
年度監査方針	事業年度における監査の重点目標
監 査 対 象	企業の業務活動全般にわたる経営の重点課題，各部門のリスクの状況，監査資源の制約条件，経営者や監査委員会の指示などを勘案して選定した監査対象部門・業務
監 査 目 的	監査で確かめようとする事項
監査対象部門	監査対象ごとに部門・部署を明示
監 査 時 期	監査対象ごとの監査の実施時期，期間，日数
要 員 計 画	事業年度に必要となる内部監査人の要員数
教育研修計画	事業年度に実施する内部監査人の教育・研修計画
予 　 算	年度監査計画に基づく人件費，教育研修費，旅費交通費等の見積り
その他の計画	内部監査業務に係る施策などの計画

出典：日本内部監査協会（2007年）p.93

（3）　個別監査計画

　内部監査人は，個別の内部監査について，目標，範囲，時期および資源配分を含む実施計画を策定しなければならない。その際，特に次の事項に留意する必要がある（『内部監査基準』7.1.1）。

①内部監査の対象となる活動の目標および当該活動を管理する手段

②内部監査の対象となる活動，その目標，経営資源および業務に対する重要なリスクならびにそのリスクの潜在的な影響を受容可能な水準に維持するための手段

③適切なフレームワークやモデルに照らした場合の，内部監査の対象となる活動のガバナンス・プロセスの有効性，リスク・マネジメントおよびコントロールの妥当性ならびに有効性

④内部監査の対象となる活動のガバナンス・プロセス，リスク・マネジメントおよびコントロールについての大幅な改善の余地

　表8－4に示したのは，個別監査計画に記載される事項の一例である。

表8－4　個別監査計画の内容

記載事項	記載内容
監査目的	簡潔な監査の目的の記述
重点監査項目	監査目的を達成するために特に重点を置く監査項目，リスクが大きいと判断した監査項目
監査対象	監査対象の部門名，業務名，監査テーマ名など
監査チーム	監査チームのリーダー名，メンバー名
分担	監査項目ごとの監査メンバーの割り当て
監査対象部門名	監査対象の中で具体的に監査を行う部門名
監査項目	監査目的を細分化して設定した監査項目
監査スケジュール	監査実施通知から監査報告書提出までの日程
監査報告書提出時期	提出する年月日

出典：日本内部監査協会（2007年）p.96

4. 内部監査の対象範囲

　『内部監査基準』によれば，内部監査は，原則として組織のガバナンス・

プロセス，リスク・マネジメントおよびコントロールに関連するすべての経営諸活動を対象範囲としなければならないとされている（6.0.1）。

（1）　ガバナンス・プロセス

　ガバナンスとは，組織の経営目的の達成に向けて，組織の活動について情報を提供し，指揮し，管理しそして監視するために取締役会によって実施されるプロセスと構造の組み合わせである（IIA『内部監査の専門職的実施の国際基準』用語一覧）。

　内部監査部門は，ガバナンス・プロセスの有効性を評価し，その改善に貢献する必要があり，①組織として対処すべき課題の把握と共有，②倫理観と価値観の高揚，③アカウンタビリティの確立，④リスクとコントロールに関する情報の組織内の適切な部署への有効な伝達，ならびに⑤最高経営者，取締役会，監査役会／監査委員会等，外部監査人および内部監査人の間における情報の伝達などの視点から，ガバナンス・プロセスの改善に向けた評価を行わなければならない（『内部監査基準』6.1.1）。

（2）　リスク・マネジメント

　リスク・マネジメントは，組織の経営目的の達成に対して合理的なアシュアランス（保証）を提供するために，発生する可能性のある事象や状況を識別し，評価し，管理し，コントロールするプロセスである（IIA『内部監査の専門職的実施の国際基準』用語一覧）。

　内部監査部門は，リスク・マネジメントの妥当性および有効性を評価し，その改善に貢献する必要があり，①組織全般または部門の目的の達成状況，②財務および業務に関する情報の信頼性と誠実性，③業務の有効性と効率性，④資産の保全，ならびに⑤法令，方針，定められた手続

および規約の遵守などの視点から，組織のガバナンス・プロセス，業務の実施および情報システムに関するリスクの影響の大きさを評価しなければならない（『内部監査基準』6.2.1）。

（3）　コントロール

　コントロールとは，リスクを管理し，設定された目的が達成される見通しを高めるために，最高経営者，取締役会および他の当事者によってとられるすべての措置をいう（IIA『内部監査の専門職的実施の国際基準』用語一覧）。

　経営管理者が経営目的の達成度合いを評価するための基準を設定しているかどうかを内部監査人が確認した上で，内部監査部門は，組織のコントロール手段の妥当性および有効性の評価と，組織の各構成員に課せられた責任を遂行するための業務諸活動の合法性と合理性を評価することによって，効果的なコントロール手段の維持に貢献することを求められている。内部監査部門は，リスク・マネジメントの評価と同じ視点から，組織のガバナンス・プロセス，リスク・マネジメントに対応するように，コントロール手段の妥当性および有効性を評価しなければならない（『内部監査基準』6.3.1）。

5.　予備調査

　内部監査の手続は，主として経営業務が行われている現場に出向いて行われる。これは，内部監査のプロセスでは「本調査」に当たる。内部監査の実務では，本調査は「往査」と呼ばれることが多い。往査とは，現場に出向いて監査をするという意味であり，むしろ本調査の実態をよりよく表しているように思われる。

　本調査（往査）に先立って予備調査が実施されるが，これは本調査を効果的かつ効率的に実施するために重要なプロセスである。予備調査では，まず内部監査部門の事務所において，監査対象部門に関する資料の収集と分析を行う。監査対象部門の組織図，業務規程，事務手続を示したマニュアル，業務フロー図などを収集し，個別監査計画で設定された監査項目との照合を行う。収集された情報に基づいて，個別監査計画を修正しなければならない場合があるかもしれない。

　次に，監査項目の妥当性や有効性の検証と決定を行う。監査項目に該当する規程が存在するかどうかなどを検証し，監査手続が実際に適用できるかどうかを確かめる必要がある。もし想定していた状況と異なる場合には，監査項目を修正しなければならない。

　こうした作業を行うに際しては，監査対象部門の責任者や管理者にインタビューを行うなどして，監査対象部門の現状を確認する必要がある。

　最後に，監査項目に対する監査手続の検討を行う。リスクの大きさに基づいて監査項目の絞り込みを行い，これに基づいて監査手続書，監査プログラムまたは監査チェックリストを作成する。

　以上のような手順で予備調査を実施し，これに基づいて次のプロセスである本調査に臨むのである。監査資源が限られている状況下で，各監査対象部門の本調査について計画された期間内に必要な監査手続を確実に実施するためには，入念な事前調査が必要となる。予備調査は，内部監査業務を効果的に実施するためのカギを握っているといっても過言ではない。

　予備調査は，業務が行われる現場ではないところで現場についての状況把握を行うものであり，オフサイト（現場から離れた）調査である。オフサイト調査を予備調査としてだけでなく，継続的なモニタリング（オフサイト・モニタリング）として実施することによって，組織内外で発

生した事象を，適時かつ継続的に把握することが可能となる。例えば，ITを活用して，経営活動に関わる書類やデータを継続的に検証できれば，リスクの大きい部門や業務をより的確に特定できる。リスクの大きい部門・項目に対する監査資源のより一層の重点投入が可能になり，オンサイト（現場での）調査としての本調査の有効性と効率性が向上すると考えられるのである。

6. まとめ

　内部監査の手続は，主に経営活動が行われる現場で実施されるものだが，その準備段階としていくつかの重要なプロセスがある。

　まずは，内部監査を実施する体制を整える必要がある。内部監査規程を作成することもその一つである。また，限られた監査資源を使って効果的な監査を効率的に実施するためには，業務およびそのコントロールに関わるリスクの大きさを適切に評価し，リスクの大きさに基づいて戦略的に監査を実施する必要がある。こうした監査手法は，リスク・アプローチと呼ばれている。

　業務およびそのコントロールに関わるリスク評価の結果を勘案して監査計画が策定される。監査計画に従って監査手続を実施することになるが，現場に出向いて調査をするのに先立って，予備調査が行われる。予備調査では，監査対象部門の現状を把握するために情報の収集と分析が行われ，これに基づいて具体的な監査項目の決定や監査チェックリストの作成などが行われる。

　計画された期間内に必要な監査手続を的確に実施し，適切な監査結果を得るためには，オフサイト調査である予備調査がカギを握っている。オフサイト調査は，今後，経営業務の継続的なモニタリングとしてのオ

フサイト・モニタリングへと移行して行く可能性もある。

【学習課題】

1．内部監査の体制整備としてどのようなことが必要か考えなさい。

2．リスク・アプローチとはどんな監査手法か説明しなさい。

3．監査計画がなぜ必要でどんなことを計画するべきか考えなさい。

4．予備調査を実施することの意味を考えなさい。

参考文献

日本内部監査協会編『内部監査人の実務ハンドブック』日科技連出版社，2007年。

島田裕次『内部監査入門』翔泳社，2008年。

9 | 内部監査のプロセス（2）

| 蟹江　章

《**学習のポイント**》　本章では，内部監査のプロセスの中核をなす本調査（往査）から，監査結果を形成しこれらを報告する過程，ならびに不備の改善状況を検証するフォローアップについて理解する。内部監査の手続がどのように実施されるかを把握する。
《**キーワード**》　本調査（往査），監査手続，監査項目，監査報告，フォローアップ

1. はじめに

　前章では，内部監査の一連のプロセスのうち，内部監査を実施するための体制整備，監査計画，ならびに現場での具体的な監査手続の実施に先立って行われる予備調査などについて説明した。本章では，内部監査プロセスの中核をなす本調査から監査報告，さらには内部監査の大きな特徴であるフォローアップについて説明する。

　本調査は，実務では往査と呼ばれることが多いが，文字どおり実際に経営活動の現場に出向いて監査手続を実施するプロセスである。監査手続を実施して得られた結果は，内部監査報告書によって，最高経営者ならびに取締役会や監査役会などのガバナンス機関に報告される。また，監査結果は，監査の対象となった業務部門に対しても伝達される。

　内部監査の監査報告は，最高経営者が責任をもつコントロールなどの有効性に対してアシュアランス（保証）を提供することを一義的な目的

とするが，コントロールに不備や脆弱性が認められる場合には，改善に向けた助言や勧告を行うことがある。助言や勧告の内容が実際の改善に結びついているかどうかを検証するのがフォローアップであり，内部監査における特徴的なプロセスである。

2. 本調査（往査）

　本調査は，経営業務が行われている現場に出向いて，予備調査で絞り込んだ監査項目に対して監査手続を実施して監査証拠を得たり，改善すべき事項を発見したりするプロセスである。

（1）　監査手続の意味

　前章で説明したように，予備調査では監査対象部門についての情報収集が行われ，それを分析して監査項目が決定される。そして，決定された監査項目について，リスクの大きさを考慮して実施すべき監査手続を計画し，監査手続書（監査プログラムあるいは監査チェックリストと呼ばれることもある）が作成される。監査手続書は，内部監査人が何を目的として，どのような監査手続を実施することによって監査結果を得るのかが具体的に示され，内部監査を実施する際のガイドラインとしての性格をもつものである。

　内部監査人は，監査手続書に示された監査項目ごとに適切な監査手続を選択して実施する。例えば，現金の支払業務には，横領・着服といった不正や，払い過ぎや記録の間違いなどのミスが発生するリスクがある。こうしたリスクが顕在化しないように，現金の支払業務が適切にコントロールされているかどうかを確かめる場合を考えてみよう。この場合，現金支払業務に関わる1つの監査項目として，例えば「支払伝票の作成

状況」を設定することができるであろう。現金の支払業務が適正にコントロールされていれば，支払日，支払先，支払金額などが明記された支払伝票が作成されるはずである。支払伝票が作成されるためには，支払の根拠となる支払請求（請求書）がなければならないし，実際に現金が支払われたら支払先から領収書が入手されるはずである。

　内部監査人は，支払伝票の作成が，組織内で定められたルールに従って適正に行われているかどうかを確かめるために，支払伝票と請求書や領収書などの証憑書類を照合したり，帳簿上の出金記録と突合わせたりする。こうして，支払伝票が適正に作成されていることを裏づけることができれば，現金支払業務のコントロールの有効性についての監査証拠を入手したことになる。このように，監査項目を書類や記録などによって裏づけることで監査証拠を入手する一連のプロセスが，監査手続なのである。コントロールの有効性を裏づける監査証拠が得られた場合には，コントロールの有効性についてアシュアランス（保証）を提供する。

　なお，監査手続によって業務に対するコントロールの有効性が裏づけられず，むしろ有効に機能していないことを示す証拠を入手する場合もある。この場合には，コントロールの改善に向けた助言や勧告が行われることになる。

　ここまで説明した監査手続の構造は，図9－1のように示すことができるだろう。

（2）　監査項目の細分化と階層化
　内部監査の手続を実施する際には，経営業務に関わる記録や書類をただやみくもに調べるというのでは効果的な監査はできないし，限られた監査資源を効率的に活用することもできない。そこで，現場での実地調査に先立って，あらかじめ監査証拠を入手すべき対象である監査項目を

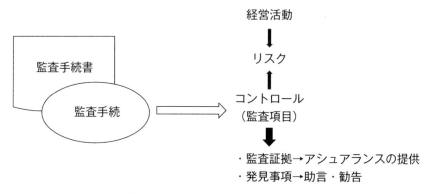

図9-1　監査手続の構造

決定し，それらに対して具体的にどのような監査手続を実施すればよい
かを計画するのである。

　内部監査に対しては，経営目的を効果的に達成するために適切なコン
トロールの仕組みが整備され，効果的に運用されていることを確かめて
アシュアランスを提供することが期待されている。すなわち，内部監査
人は，経営活動に関わるすべての業務が有効かつ効率的に実施されるよ
うに，適切にコントロールがなされているかどうかを確かめなければな
らないのである。

　業務の有効性が確保されているかどうか，換言すれば，業務が有効に
行われるように適切にコントロールされているかどうかを確かめるには
どうすればよいのだろうか。業務の有効性とはいってもそれぞれの業務
によってその中身は異なるだろうし，すべての業務を一括して一律に確
かめるのは難しい。

　そこで，業務の有効性という最終的に確かめるべき監査項目を，業務
全体を構成する個別の業務に分解し，それぞれの業務を個別に確かめる。
さらに，有効性についてもそれが何を意味するのかを解釈し，書類や記

録によって直接確かめることができる命題へと分解する。そして，この命題が成立するかどうかを確かめることを通じて，関連する業務に対するコントロールが適切に設定され，有効に機能しているかどうかを確かめるのである（図9－2）。

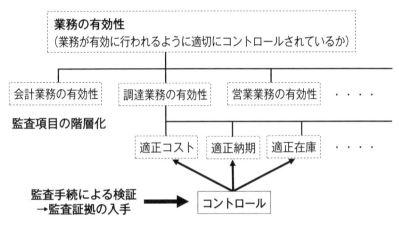

図9－2　監査項目の細分化と階層化

　図9－2は，業務をまず会計業務，調達業務，営業業務などに細分化することを示している。その上で，例えば，調達業務の有効性を適正コスト，適正納期，適正在庫などが実現していることと解釈すると，実際に適正なコストおよび納期で調達が行われ，在庫が適正な水準に保たれているかどうかが，内部監査人が直接確かめるべき監査項目となる。ここで「適正」な水準とは，経営目的を効果的に達成するために最高経営者が定め，コントロールの目標とする水準であると考えることができる。

　適正コスト，適正納期，適正在庫などの監査項目は，調達業務に関連する記録や書類などを調べ，目標水準と実績とを比較することによって直接確かめることができる。目標水準が満たされていれば，調達業務に

関連するコントロールは有効に機能していると判断して，アシュアランスを提供することができる。逆に，目標水準が満たされていなければ，コントロールに不備または脆弱性が存在する可能性があるため，より詳細な検証を行い，場合によっては，改善のための助言や勧告をする必要があるかどうかを検討することになる。

　このように，本調査における監査手続は，監査項目を客観的な記録や書類によって直接裏づけられる項目（命題）に階層的に細分化し，それらを確かめることによって監査証拠を入手するプロセスなのである。

3. 監査の視点と監査手続

（1）　内部監査の手法

　企業のような組織では様々な業務が行われており，それらが有機的に関連しながら機能することで当該組織の経営目的が達成される。内部監査は，こうした様々な業務の有効性や効率性を確保するために設けられるコントロールの有効性を確かめることを通じて，経営目的の効果的な達成を支援するという機能を果たしているのである。

　内部監査は組織のすべての業務を対象とするが，監査資源が限られていることを考えれば，文字どおりすべての業務を網羅的に監査することは不可能である。このため，前章で説明したように，現代の内部監査ではリスク・アプローチという監査手法が採用されている。この手法は，すべての業務のうち，経営目的の達成を阻害する要因であるリスクが大きいと認められる事項に対して監査資源を重点的に配分することによって，少なくとも重大なリスクの顕在化が抑制されていることを確かめ，場合によってはリスクへの適切な対応を助言，勧告するものである。

　なお，内部監査の手法としては，リスク・アプローチの他にサイクル

監査という手法がある。この監査手法は，すべての業務を毎年監査する
のではなく，いくつかの対象業務を選定して，何年かごとの周期（サイ
クル）で監査するというものである。例えば，各業務部門が3年に1度
監査の対象となり，3年間ですべての業務部門の監査が一巡するという
やり方である。こうしたサイクル監査とリスク・アプローチを組み合わ
せて実施する場合もある。

（2）　業務監査の視点と監査手続の実施

　ここでは，業務を構成する要素の性質上，比較的大きなリスクが認識
される販売業務を例として，業務監査における監査の視点と実施すべき
具体的な監査手続について考えてみる。

　最も単純な現金による販売業務プロセスは，商品在庫管理，販売，代
金受領そして現金管理といった業務から構成される。これらの業務には，
コントロールが有効に機能しにくい面があり，不正や誤謬が生じる比較
的大きなリスクが認められる（図9-3）。

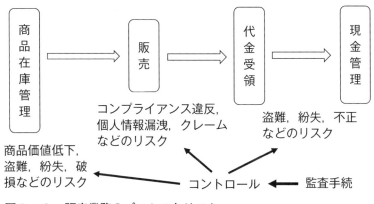

図9-3　販売業務のプロセスとリスク

商品在庫には，破損や鮮度の劣化などの物理的な価値の低下や，陳腐化のような機能的減価，さらには顧客ニーズの変化といった環境変化にともなう商品価値の低下などが発生するリスクがある。また，商品は盗難，紛失，あるいは従業員による着服などのリスクにもさらされている。

販売に際しては，法令違反，法令違反だけでなく倫理的・社会的要請に対応できないという意味でのコンプライアンス違反，個人情報の漏洩，顧客からのクレームなどのリスクがある。また，代金の受領や現金管理には，着服や横領という不正のリスクが存在する。

こうしたリスクに対しては，最高経営者の責任において，適切なコントロールが整備され運用されていなければならない。内部監査は，こうしたコントロールの有効性を検証し，アシュアランスを提供するか，場合によっては改善に向けた助言や勧告を行うのである。

① 商品在庫管理の監査手続

商品在庫管理については，商品がその特性に応じて適切に保管・管理されているかどうかが，監査手続によって確かめるべき命題である。監査項目としては，適切な保管・管理ルールの有無（コントロールの有無）とその遵守状況（コントロールの適用・運用状況），管理体制の整備・運用状況があげられる。これらの項目を，規程の閲覧，管理者や販売員等に対する質問，商品在庫の実査ならびに実地棚卸への立会などの監査手続によって検証することになる（コントロールの有効性の確認）。

② 販売活動の監査手続

販売活動において確かめるべき命題は，コンプライアンス体制，顧客情報管理ならびにクレーム対応が適切に行われているかどうかである。コンプライアンス体制および顧客情報管理体制の整備・運用状況，クレームへの対応・情報伝達体制などが監査項目となる。こうした事項を，売上目標，売上実績表，苦情受付記録等の閲覧，顧客情報管理基準，顧客

情報管理台帳等の閲覧，クレーム対応マニュアルの閲覧，クレーム対応
担当者への質問などの監査手続によって検証する。

③　現金の受領と管理の監査手続

　現金の管理には盗難や従業員による不正などの大きなリスクが存在す
るため，売上金の取扱いが適切に行われているか，ならびに従業員教育
が十分に行われているかどうかが確認すべき命題である。監査項目とし
ては，売上計上の正確性，計上金額と実金額との整合性ならびに従業員
教育の実施状況などがあげられる。監査手続としては，現金の実査，売
上計上基準の閲覧，関係帳簿の突合，教育・訓練計画や実施記録等の閲
覧などが考えられる。

4．評価と結論の形成

　一般に，監査は，あらかじめ設定された判断基準に照らして，監査対
象の性質や状態などを評価して結論を形成する。監査の結論は，監査意
見または具体的な指摘事項という形で報告されることになる。

　監査手続によって確認した実態が判断基準と整合している場合には，
当該基準に従って，例えば，適正である，有効である，効率的であるな
どといった肯定的な結論が形成される。監査は，一義的にはこうした肯
定的な結論を形成して報告すること，すなわちアシュアランス（保証）
を提供することを目的として実施される業務である。

　前節で示したように，内部監査人は，業務部門の活動について認識さ
れるリスクが適切にコントロールされているかどうかを検証する。そし
て，コントロールの有効性を裏づける監査証拠を得ることができれば，
最高経営者，ガバナンス機関に対する監査報告においてアシュアランス
を提供する。監査結果は監査対象部門にも伝達されるため，業務部門は，

業務の適切な遂行についてアシュアランスを得ることになるのである。

　一方，監査手続を実施した結果，適正でない，有効でないあるいは効率的でないことを示唆する事実を発見し，否定的な結論が形成される場合がある。また，内部監査人は，発見したコントロールの不備や脆弱性を示す事実を，最高経営者に対する監査報告において指摘し，改善のための助言や勧告を行うこともある。業務部門に対する改善の指示や命令は，内部監査部門からではなく，最高経営者から行われることには注意が必要である。

　内部監査で発見された法令や基準に対する違反，コントロールの不備・脆弱性，不正などの事実は，本来あるべき業務あるいは望ましい業務の実態とのギャップを示すものである。こうしたギャップについては，その重要性を評価して，監査報告における指摘事項，改善に向けた助言・勧告事項とするかどうかが決定される（図9－4）。

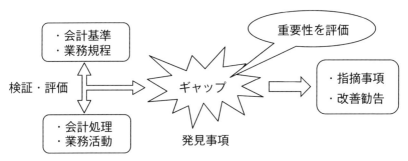

図9－4　発見事項の評価と指摘・改善事項

5．監査報告

（1）　監査報告書の作成

　内部監査部門長は，内部監査の結果を，原則として文書によって最高経営者および取締役会や監査役会等のガバナンス機関に報告するとともに，指摘事項を適切な措置を講ずることのできる者に報告しなければならない。内部監査の結果には，十分かつ適切な監査証拠に基づく，内部監査人の意見を含める必要がある。

　内部監査部門長は，内部監査結果の最終的な報告を行うために「内部監査報告書」を作成しなければならない。内部監査報告書の利用者は，組織の最高経営者やガバナンス機関に特定されていることから，これらのニーズに応じて様式や記載事項を決定する必要がある。『内部監査基準』は，内部監査報告書には，内部監査の目標と範囲，内部監査人の意見，勧告および是正措置の計画を含めなければならない（8.2.3）と規定するとともに，必要に応じて，総合意見を記載することを要求している（8.2.4）。

　総合意見とは，組織全体の経営活動を構成する個々の業務に対して監査手続を実施して入手した監査証拠を総合的に評価して，組織のガバナンス，リスク・マネジメントおよびコントロールのプロセスが，組織の経営目的を達成するに当たって有効に機能しているかどうかについて表明される意見である。

　内部監査報告書は，内部監査の結果を要約記載して伝達するものである。様式にも記載事項にも定められたものがあるわけではないが，多くの場合，「要約」「詳細」「資料」の３部構成をとる（図９−５）。

<要約>	<詳細>	<資料>
最高経営者に短時間で要点を伝達する	・監査項目全般について正確に記載する ・監査結果，指摘事項，改善事項などを伝達する	・判断・評価，意見形成の背景・根拠 ・時系列・構成比・比較の図表，インタビューのまとめ，写真などを掲載する

図9−5　内部監査報告書の構成

（2）　現地講評会

　内部監査では，最高経営者やガバナンス機関などに監査報告書を提出する形で報告を行うだけではなく，監査の対象となった業務部門長などに対しても講評が行われる。講評には，監査報告書の作成後に，業務の責任者や部門長に対して行われるものと，実地調査の終了時に，現地責任者に対して監査結果を伝える現地講評会がある。

　このうち現地講評会は，現地での監査手続が終了したばかりの段階で実施されるため，監査結果は十分に整理されているわけではない。このため，講評の内容は，実施した監査手続やそれによって入手した監査証拠，発見事項などを記録した監査調書と呼ばれる書類に基づいて，文書で伝達されることになる。

　現地講評会では，監査人が監査手続によって発見した事実およびその原因，リスク，評価および意見などについて説明した後に，現地責任者との質疑応答を行う。内部監査人と責任者との直接的なコミュニケーションを行うことによって，監査対象部門における問題点や原因についてより明確に理解することが可能となる。

　また，内部監査人の側における事実誤認や，監査対象部門との間での見解の相違などをその場で明確にすることもできる。これによって，よ

り正確かつ的確な監査報告書を作成することができるのである。

6.　フォローアップ

　一般に，監査のプロセスは監査報告書の提出をもって終了するが，内部監査においては，監査結果を報告するだけではなく，監査手続による発見事項に基づいて，改善すべき事項の指摘や改善の勧告が行われる場合がある。内部監査には，指摘や勧告を受けた業務部門が，適切に対応しているかどうかを追跡調査するという重要な役割が期待されている。こうした追跡調査は，フォローアップと呼ばれている（表9－1）。

表9－1　フォローアップの手続

・業務部門長から提出された改善計画の遂行状況を追跡・確認し，改善を促進する
・改善予定日以降の適切な時期に実施する
・通知した上で実施するかまたは抜き打ちで実施する
・改善状況，実施された対応策の有効性を評価する
・確認・評価の結果を最高経営者およびガバナンス機関等に報告する
・改善が行われていないかまたは不十分なときには原因を明確化し，改善を勧告する

　内部監査におけるフォローアップは，監査を実施した結果明らかになった問題点について，内部監査人が改善事項として報告した事項について，業務部門長が作成し提出した改善計画が，そのとおり実行されているかどうかを追跡・確認し，もし不十分であればさらに改善を促すというものである。

　フォローアップの実施時期は，業務部門から提出された改善計画の完

遂予定日以降の適切な時期に設定される。フォローアップの手続は，対象業務部門に事前に通知した上で実施する場合と，ありのままの状況を確かめるために抜き打ちで実施する場合がある。

　提出された改善計画書に基づいて，改善の実施状況や改善のために実施された対応策の有効性の評価などが行われる。フォローアップの結果は，通常の監査報告と同様に，最高経営者およびガバナンス機関などの関係者に報告される。仮に改善が行われていなかったり，行われていたとしても不十分だったりした場合には，その原因を明らかにし，責任の所在を明確にした上で，期限を定めて改善勧告が行われることになる。

　内部監査の役割は，経営業務における不備を指摘すること自体にあるのではなく，発見された不備の改善を促すことで，組織の経営目的の達成を支援することにある。フォローアップは，内部監査が，その役割を果たすために欠かすことのできない重要なプロセスなのである。

7. まとめ

　内部監査における本調査は，経営業務が実施される現場に出向いて監査手続を行い，監査証拠を収集するプロセスである。経営活動にともなうリスクに対して適切なコントロールが設けられ，それが有効に機能しているかどうかを，予備調査で作成された監査手続書に基づいて確認するのである。

　監査手続の実施に当たっては，監査項目を書類や記録によって直接確かめることのできる命題へと分解し，これを確かめることを通じて，業務に対するコントロールが適切に設定され，有効に機能しているかどうかを裏づけることになる。内部監査人は，監査手続によってコントロールの有効性を裏づける監査証拠を得ることができれば，最高経営者など

に対する監査報告においてアシュアランスを提供することができる。もし不備や脆弱性を示す事実を発見した場合には，改善のための助言や勧告を行うこともある。

　監査の結果は，監査報告書によって報告されなければならない。内部監査報告書の様式や記載内容は，最高経営者などのニーズに応じて決定する必要があるが，少なくとも内部監査の目的と範囲，監査意見，勧告および是正措置の計画などが含まれなければならない。

　内部監査の特徴の1つにフォローアップがある。これは，監査手続による発見事項に基づく改善事項の指摘や勧告に対して，業務部門長から提出された改善計画の遂行状況を追跡・確認し，改善を促すプロセスである。内部監査が組織の経営目的の達成を支援するという役割を果たすために，フォローアップは欠くことのできない重要なプロセスである。

【学習課題】
1．本調査（往査）における監査手続の意味を説明しなさい。
2．監査項目を細分化・階層化することの意味を説明しなさい。
3．監査報告書の構造と目的を整理しなさい。
4．フォローアップを実施することの意味を説明しなさい。

参考文献

一般社団法人日本内部監査協会編『改訂「内部監査基準」解説』一般社団法人日本内部監査協会，2015年。

10 内部監査のケーススタディ

蟹江　章

《学習のポイント》　本章では，監査対象となる多数の店舗をもつ小売企業の事例を取り上げて，限られた監査資源を効率的に活用して，有効な内部監査を実施するための取り組みについて考察する。

《キーワード》　グループ内部監査体制，監査業務の標準化，監査の効率化，リスク・アプローチ，監査の有効性

1. はじめに

　前の2つの章では，標準的な内部監査のプロセスについて解説した。本章では，国内を中心に活動する企業の内部監査の事例を取り上げて，内部監査のプロセスや留意事項などについて考えてみよう。

　多数の支店，店舗あるいは事業所などをもち，広い地域にわたって多くの拠点に対する監査を実施しなければならない企業では，監査業務をいかに効果的かつ効率的に実施するかが課題となる。

　監査マニュアルを整備したり，監査業務の実施体制，監査手続，監査結果を記録する方法や様式を統一化または標準化したりするなどの工夫が必要である。

　本章では，国内で多数の店舗を展開する流通企業の事例を取り上げ，広域に多数存在する店舗を効果的かつ効率的に監査するために，具体的にどのような取り組みが行われているのか見ることにする。

　本章で取り上げるのは，ＤＣＭホールディングス株式会社（以下，「DCMHD」という）と傘下のＤＣＭ株式会社（以下，「DCM」という）である。DCMはホームセンターで，1951年に北海道釧路市で設立された株式会社石黒商店を源流とする旧ＤＣＭホーマック（以下，「DCMホーマック」という），2006年に中部・北陸を地盤とする旧ＤＣＭカーマ株式会社（以下，「DCMカーマ」という），および西日本を中心に店舗を展開する旧ＤＣＭダイキ株式会社（以下，「DCMダイキ」という）が共同持株会社であるDCMHDを設立し，その事業会社となり発足した。2021年３月，前述の３社に旧ＤＣＭサンワ（以下，「DCMサンワ」という）、旧ＤＣＭくろがねや（以下，「DCMくろがねや」という）を加えた事業会社５社を統合（３つのブロックで再編）し，DCMとなり現在に至っている。本社は東京都，資本金約１億円，従業員数4,200人余りで，北海道から九州に約670店舗を展開している[注]。

　以下では，DCMHD全体における内部監査体制の改革を概観した後に，この趣旨に沿って行われるDCMの内部監査について見ることにする。

2.　グループ内部監査体制の一元化と監査業務の標準化

（1）　DCMホールディングスにおける内部監査体制

　2021年３月現在におけるDCMの内部監査体制は，12名の人員が，DCMHD２名，東日本ブロック（旧ＤＣＭホーマック、旧ＤＣＭサンワ）４名，中日本ブロック（旧ＤＣＭカーマ、旧ＤＣＭくろがねや）３名，西日本ブロック（旧ＤＣＭダイキ）３名が各ブロックに駐在する形で配置され，各ブロックに展開する店舗の内部監査を担当している（**図10－1**）。

（注）　本章におけるDCMに関するデータや記述内容は，原則として2021年２月末日時点のものである。

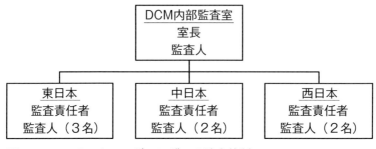

図10－1　DCMホールディングスの監査体制

　DCMHDでは，2012年度からグループ内部監査体制の構築を目指して，監査項目や各種様式の統一など内部監査の一元化に取り組み，これにともなって2013年度に内部監査室の人員が17名から12名に減員された。また，合わせてDCMHDと各ブロック駐在の内部監査人との役割分担が見直され，減員に対応した業務内容の整理がなされた。その後新たに傘下に入った2社（旧ＤＣＭサンワ，旧ＤＣＭくろがねや）を加えた事業会社5社の統合を経て，2021年3月現在，12名のグループ内部監査体制とされている。

　2012年度の一元化以前には，内部統制監査，監査の方針・計画の策定ならびに業務監査を，DCMHDと各事業会社の監査人がそれぞれに実施していた。こうした体制が，一元化後には，前二者はDCMHDの内部監査室が，後者は，DCMHD内部監査室のレビューの下で，主として各ブロックに駐在する内部監査人が実施する形に整理されている。

（2）　監査業務の標準化

　DCMHDでは，内部監査体制の一元化と業務内容の見直しを進めてきたが，監査業務の有効性および効率性の向上を目指して，2012年度から

グループ全体の内部監査業務を標準化している。グループ経営という視点から，全店を同じ基準で評価するために，①店舗における業務監査項目の標準化，②監査フォーム（報告書類等の様式）の統一ならびに③店舗における業務監査の実施方法の標準化を行ったのである。また，2021年3月の事業会社5社の統合に際し，①および③について見直しを実施，より効率的に監査を実施している。

① 監査項目の標準化

2011年度までは，店舗における業務監査項目はDCMHD傘下のブロックがそれぞれ独自に設定しており，チェックリスト（チェックシート）の様式も統一されていなかった。それぞれのブロックに固有の事情を考慮して監査項目を設けることにも，一定の合理性が認められる。しかし，グループ会社全体で監査項目を共通化することによって，グループとしての内部監査の有効性および効率性の向上が期待できる。

2012年度から，グループ会社の店舗業務監査における監査項目を共通化し，チェックリストの様式も統一化が図られている。また，監査項目ごとにチェックポイントと監査手順が明示され，全店舗で共通の監査手続が実施できるように配慮されている。また，グループの業務システム統合により2021年3月以降は評価基準についても全ブロックで統一されている。

② 監査フォームの統一

2012年度以降，内部監査に関わる様々な書類の様式が統一された。それ以前は，異なるソフトウエアによって作成されたものが混在しており，記載事項も往査後にチェックリストから転記する必要があった。2012年度以降は，監査チェックリスト，意見交換会実施確認書，監査実施報告書，証憑添付シート，改善状況報告書ならびにフォローアップ監査実施報告書の様式が全社で統一され，監査手続および監査報告の効率化が図

られたのである。

③ 業務監査の実施方法の標準化

　店舗における業務監査の実施方法が，年に１回の全店往査とフォローアップ監査の実施を核として，全社的に標準化された。これによって，店舗における業務監査は，図10－２に示すような流れを標準として，各事業会社に固有の事情や必要に応じたプロセスや工夫を加味する形で実施されることになったのである。

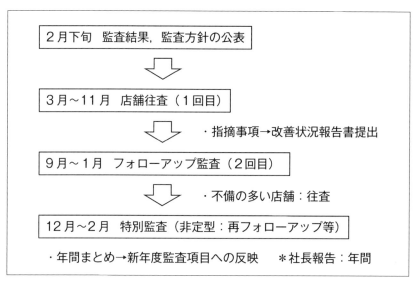

図10－２　店舗業務監査の標準的フロー

3. DCMの監査業務

（1）　監査業務フローと監査項目の整備

　DCMの内部監査部門は社長に直属し，本部および店舗の業務監査,

内部統制の独立的評価，社長の指示による特命監査，ならびに内部監査部門の判断による特別監査を実施する。前節で見たDCMHD全体に共通の監査項目と統一されたチェックリストを用い，社内の全部署を対象に，内部監査規定および内部監査実施要領に基づいて監査が実施される。

　監査のプロセスは，監査計画から始まり，監査計画では，監査の方針および目的，重点監査項目，監査の実施，監査人の教育，監査の品質評価，監査結果の報告および改善指示について，それらの実施時期や実施内容などについての計画が策定される。

　監査計画に基づき，図10－2に示したグループの標準に沿って店舗業務監査が実施されるが，店舗往査の後に，各監査人の担当店舗の監査結果を取りまとめた月度報告書が内部監査室長および監査役に提出され，必要に応じて社長に対する中間報告が実施される。また，フォローアップ監査については，不備の多い店舗に往査するのは標準どおりだが，不備の少ない店舗については書面監査により実施している。

　年間の監査スケジュールには，グループの標準的な店舗業務監査フローに加えて，内部統制監査，DCM内部監査室会議，監査法人の監査手続への立会い，監査の品質評価，監査役との意見交換会，業務マニュアルの作成などの業務が組み込まれている。

　監査項目はDCMグループの共通監査項目によるが，具体的には，大項目としてコンプライアンス，会計管理，販売管理，安全管理の4項目が，中項目として消防法，労働法，環境法などの法令に関連するものをはじめとする19項目がある。さらに，小項目に相当する監査項目として59項目が用意されている。これらの監査項目に基づいて，図10－3のような流れで店舗における本調査，監査報告ならびにフォローアップ監査などが実施されることになるのである。

　週に2〜5店に往査し，その都度現地で意見交換会を行うことによっ

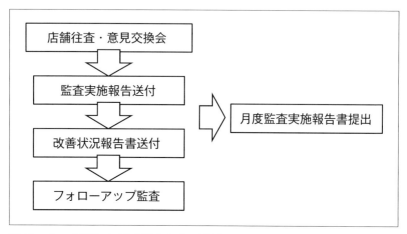

図10-3　店舗における監査および報告のフロー

て本調査の結果が確認され，監査調書が往査した監査人から内部監査室長に送付される。通常，往査の翌週までに監査実施報告が提出されており，店舗には，指摘事項に対する改善状況報告書の提出が指示されることになる。改善状況報告書は，2週間程度で提出されなければならない。

　提出された改善状況報告書は，担当監査人の確認を経て，店舗，エリアマネジャー，販売部長，各ブロックの販売統括部長，監査役および指摘事項を主管する部署などに送付される。その上でフォローアップ監査が実施されることになるが，改善を要する不備が多い店舗には，監査人が往査して（店舗に出向いて）改善状況を直接確認する。これに対して，改善すべき不備の少ない店舗については，往査はせず，店舗から提出された書面に基づいて改善状況を調査する形でフォローアップ監査が行われるのである。

　報告書は送付時に内部監査室全員の相互モニタリング，内部監査室長によるサンプリングレビューが実施されている。

　こうした監査の流れから，DCMの内部監査は，店舗業務のコントロールの有効性に対してアシュアランスを提供するというよりも，店舗業務における不備の指摘を目的に行われているように見えるかもしれない。しかし，こうした見方は必ずしも適切ではない。

　確かに，内部監査のアシュアランス業務は，企業のリスクマネジメントや内部統制などに関わる活動が，経営目的の達成のために有効に機能していることについてアシュアランスを提供する業務である。ただし，業務監査としての内部監査におけるアシュアランスは，必ずしも業務全体に対する総合意見の表明によって包括的に提供できるものではない，という点には注意が必要である。個別の業務について具体的な不備の指摘を行わないことをもって，消極的・間接的に提供することができるに過ぎないのである。これが，財務諸表が全体として提供する会計情報の質に対する総合意見（通常，「無限定適正意見」）の表明によってアシュアランスが提供される，情報の監査としての財務諸表監査との本質的な違いである。

　このように見ると，DCMの店舗業務監査は，不備が存在すればこれを発見・指摘してそれらの是正・改善を促すことにより，業務コントロールの有効性の実質的な確保とアシュアランスの提供を同時に目指しているということもできるのである。

（2）　監査の効率化

　DCMは，北海道から九州まで全国に多数の店舗を展開している。これらの店舗のすべてについて，DCMグループの監査方針に従って年1回の往査を，10人の監査人で実施している。週に2～5店舗へ往査し，短時間で監査実施報告書を作成し提出するためには，各店舗における監査業務について高い効率性が要求される。実際，監査業務の効率性向上

に関連して，店舗における監査手続に要する時間と監査実施報告書の作成期間をいかに短縮するかが課題となっていた。

① リスク・アプローチの導入

　店舗における手続時間を短縮するための方策として監査項目の見直しが行われ，リスク・アプローチとサンプリングの手法が導入された。

　個々の不備を発見してこれを是正することを一義的な目的とする監査では，すべての業務を網羅的に調査することが理想的な手続となろう。しかし，限られた時間や予算の下では，こうした監査手法を取ることは難しい。手続時間の短縮を図るためには，監査の有効性を確保しながら，いかにして監査対象項目を絞り込むかが課題となる。こうした課題に応えるための監査手法が，リスク・アプローチである。

　リスク・アプローチは，不備の発生確率と発生時の経営への影響を考慮してリスクを評価し，大きなリスクがあると認められる業務を重点的に監査する手法である。不備の発生確率は，内部統制のような不備の発生を抑止する仕組みの存在を考慮して見積もられる。業務自体に不備が生じる確率が大きくても，それが適切に管理されていれば，経営への影響は必ずしも重要ではないかもしれないからである。

　リスク・アプローチによれば，有効な管理が行われており，重大な不備が発生するリスクの小さい業務については，サンプリングの手法を使って有効性を確認するだけで済ませることができる。管理が不十分で，重大な不備が発生するリスクが相対的に大きい業務に対しては，詳細な調査が必要となる。しかし，リスクの大小にかかわらずすべてを詳細に調査する場合に比べて，効率的に短時間で監査を実施することができるのである。

　DCMは，業務システム統合後の2020年度以降，往査前のデータサンプリングを実施し，データ分析によるより効率的監査の実施に取り組ん

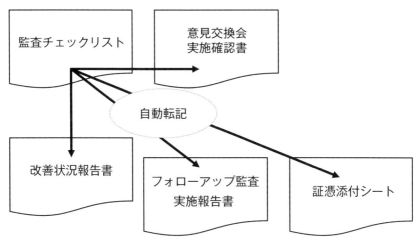

図10－4　チェックリスト記載事項の自動転記

でいる。

② 　報告書作成作業の省力化

　一方，監査実施報告書の作成期間を短縮するために，作成作業の省力化が図られている。DCMHDの方針に従って統一された報告書様式に基づいて，監査チェックリストと各報告書との間で関連する記入事項を自動転記できるようにした（図10－4）。

　例えば，チェックリストに店名や往査の日時を記入すると，それがその他の書類にも自動的に転記される。あるいは，チェックリスト上に改善指摘事項やコメントなどが記入されると，それらが証憑添付シートや改善状況報告書等の該当欄に転記されるといった具合である。

　監査フォームが統一される前は，それぞれの報告書が異なるソフトウエアで作成され，記載もバラバラになされていたため，往査終了後に手作業で転記する必要があった。これが報告書類の作成に時間を要する原

因となっていたが，同一のスプレッドシートに集約された様式に自動転記することによって，作業時間が大幅に短縮されたのである。

（3）　監査の有効性の向上

　DCMHDにおける内部監査業務の標準化の方針に従って，DCMとして監査手順の見直しと標準化を行った。標準化された監査手順は監査業務マニュアルとして具体的に提示され，店舗業務の監査手続はこのマニュアルに基づいて実施されることになった。これによって実施される監査手続の品質が安定し，監査の有効性向上が期待できるようになった。しかし，他方で，監査業務のマニュアル化は，そこに示された作業をこなすだけの形式的な監査になる危険性をはらんでいることに注意する必要がある。こうした陥穽にはまらないためには，監査人が，監査手続の意味や目的を十分に理解した上で監査業務に臨む必要がある。また，監査人には，監査項目を評価する高い能力や判断力も求められるであろう。

　監査の有効性を向上させるための方策として，改善指摘事項に関する証憑添付シートにも工夫が施されている。シートには証憑の写真（画像）が貼付されている。以前は書類のコピーを貼付していたが写真に変更した。これによって改善指摘の根拠の客観性が高まり，また，レビュー時間が短縮されたということである。さらに，現物や現場の状況について改善指摘をする場合には，写真を見れば何をどのように改善すべきかがわかり，対応がしやすくなるという大きな利点がある。

4.　監査業務における課題

（1）　内部監査人のスキル・能力の向上

　DCMでは，10名の監査人で約670の店舗と本社部門の内部監査を実施

している。フォローアップ監査（往査・書面監査）を含めれば，監査対象は延べ1300件を超える。監査人１人あたりの負担はかなり大きいが，DCMHDにおける内部監査体制の枠内で監査人を増員することは困難である。こうした環境下で監査の有効性を向上させるためには，個々の監査人のスキル・能力のアップが必要になる。これは，多くの企業が共有する課題であろう。

　DCMでは，監査の有効性を向上させるための方策として，監査業務マニュアルを整備した。マニュアルの策定・整備は，監査品質の安定を通じて，監査の有効性の向上に一定の効果をもたらすことが期待される。しかし，これは，マニュアルが要求する水準の監査業務を実践できる内部監査人のスキルや能力があってはじめて実現できるものである。したがって，ただ単にマニュアルを作成するだけでは，必ずしも課題の根本的な解決にはならない場合もある。

　通常，内部監査人には，企業における人事ローテーションで内部監査部門に配属された従業員が就くことになっている。このため，多くの場合，数年周期で内部監査人の一部または全部が入れ替わる可能性がある。こうした状況下で，内部監査人のスキルや能力を高いレベルに維持することは，決して容易ではない。また，内部監査部門全体としての監査業務の有効性を確保するためには，新任内部監査人にいかに早く内部監査のスキルや能力を身につけさせるかが大きな課題となる。

　新任内部監査人の研修については，例えば，一般社団法人日本内部監査協会が開催する，内部監査の基礎セミナーが活用されている。放送大学のこの授業を新任研修の教材としている企業もある。また，内部監査士や公認内部監査人（CIA）をはじめとする，内部監査に関わる資格の取得を奨励する企業も多い。また，内部監査部門への配属を機に，個人的に資格取得を目指して勉強に取り組む者もいる。内部監査部門として，

内部監査人のモチベーションを高める工夫が必要とされているのである。

（２）　内部監査業務の点検・評価

　DCMでは，内部監査の有効性向上を目指して様々な方策が講じられているが，それらによって内部監査業務がどの程度改善されたかを評価する必要がある。

　日本内部監査協会が設定する『内部監査基準』では，「内部監査部門長は，品質管理プログラムに内部監査活動の有効性および効率性を持続的に監視する品質評価を含めなければならない。品質評価は内部評価および外部評価から成る。」(4.2.1) と規定し，少なくとも年に１回の内部評価（4.2.2）と少なくとも５年ごとの外部評価（4.2.3）の実施を要求している。

　DCMでは，自己点検チェックリストおよび品質評価シートを作成し，継続的なモニタリングであるレビューと，定期的自己評価である自己点検を実施している。また，『内部監査基準』が定める「組織体外部の適格かつ独立の者」によって実施されるべき外部評価には該当しないが，監査役による評価・検証も実施されている。

5.　まとめ

　DCMHDでは，傘下ブロックにおける内部監査業務を効率化するために，2013年に内部監査の体制が一元化され，グループ全体で内部監査人が減員された。DCMの内部監査人も12名から10名に減り，これまでにも増して効率的な監査業務の実施が要求されることとなったのである。その後，雇用形態の変更も実施の上2021年度には，監査体制一元下の企

業数が３社から５社となり店舗数も大幅に増加するなか，５社統合前と同じ10名体制で，有効性および効率性の向上に継続して取り組んでいる。

　DCMグループにおける監査項目の標準化，監査フォームの統一化，店舗における業務監査の実施方法の統一化などの改革に沿って，DCMでも，本章で紹介したような監査プロセスの見直しが実施された。

　多数の監査対象拠点をもつ企業では，個々の対象における業務を効率的に実施できる体制を整備しなければ，有効な監査を実施することができない。リスク・アプローチの採用や監査フォームの見直しと書類・報告書の作成方法における工夫は，業務の効率性向上に大いに貢献するものである。

　また，監査手順の具体化・明確化によって，監査の品質を安定させることで有効性の向上が図られた。さらに，監査対象である店舗に対して，具体的かつ客観的な証拠を提示することによって，改善指摘への対応を容易にするという工夫もされている。

　こうした工夫を重ねながら，より有効で効率的な監査業務にしていくために，人材の育成やスキルアップ，そして監査業務の品質評価などにどう取り組むかが，今後に残された課題である。

【学習課題】
１．監査業務を標準化することによるメリットとデメリットについて考えなさい。
２．限られた監査資源を効率的に活用して効果的な内部監査を実施するためには，どのようなことに留意する必要があるか考えなさい。
３．あなたが所属する組織またはあなたの身近な組織で内部監査を活用するとしたら，どのような課題があるか考えなさい。

11 | 海外子会社の内部監査

蟹江　章

《**学習のポイント**》　本章では，グローバルに経営活動を展開する企業における，海外子会社や関連会社などに対する内部監査の実施方法，監査実施時の留意点，ならびに内部監査部員の国際的能力の養成の仕方などについて考察する。
《**キーワード**》　海外子会社監査，事前準備，確認作業，現地講評会，内部監査人の国際的能力

1. はじめに

　経営活動をグローバルに展開する企業では，国内・外にある子会社や関連会社を含めた企業グループ全体としての経営目的を達成するために，グループ全体の経営活動を対象とするコントロールの仕組みを構築する必要がある。そして，内部監査は，こうしたグループ全体に対するコントロール機能の有効性を，独立の視点から評価しなければならない。
　本章では，グローバル企業グループの海外子会社等では内部監査がどのように行われるのか，また，海外子会社等の監査に際してどのような点に留意すべきかについて考える。

2. 海外子会社の特徴

　親会社である会社が海外子会社を取得する方法としては，自ら資本金

を全額出資して単独で新たに子会社を設立するか，現地の既存の会社を
買収して子会社化することが考えられる。また，現地のパートナー企業
との合弁によって，現地に子会社や関連会社を設立するケースもあるだ
ろう。

　国内で子会社や関連会社を取得する場合でも，基本的にはこれらと同
様の方法が用いられることになろう。しかし，海外での子会社等の取得
に際しては，本国である日本とは異なる，現地に独特の法規制や文化・
慣習などを考慮する必要がある。また，取得後の子会社等における経営
管理に際しても，国内子会社等とは異なる様々な事情やリスクなどを十
分に考慮しなければならない。

　現地企業との合弁や既存の会社の買収に当たっては，合弁相手や買収
先についてその経営内容，業績，価値あるいはリスクに関する十分な調
査が行われるはずである。ところが，海外子会社等における不正会計や
違法行為などが発覚して，親会社や企業グループ全体の業績や評判・信
用が大きなダメージを受けるといったケースが散見される。

　海外子会社等による不正や違法行為が発覚する原因として，現地会社
の買収時点ですでに不正等，または不正等の重大なリスクが存在してい
たにもかかわらず，事前調査によってそれらを発見できなかったという
ことが考えられる。いわゆるデューデリジェンスの不備である。

　一方，親会社による新規設立や，現地企業との合弁によって取得した
海外子会社等による不正等の場合には，取得時には不正等や重大なリス
クがなかったにもかかわらず，その後の経営活動の過程でリスクが顕在
化したということも考えられる。この場合，海外子会社等におけるコー
ポレートガバナンス，コンプライアンス，リスク・マネジメントあるい
は内部統制のどこかに生じた問題や不備が原因であるということができ
る。もし，これらの問題や不備が見逃されてきた結果として不正等が発

生したのだとすれば，ガバナンス・プロセス，リスク・マネジメント，内部統制などを対象とする内部監査が，有効に機能していたかどうかが問われることにもなる。

　海外子会社等については，法規制や文化・慣習の違いに加えて，地理的な遠隔性によって，コントロールやチェックが十分に行き届かないという問題もあり，注意が必要である。

3. 海外子会社における不正リスク

　海外子会社等では，親会社からのコントロールやチェックが行き届かないことから不正が起こりやすいだけでなく，発生した不正が発見されにくいという問題がある。このため，一旦不正が発生すると，事態が拡大ないし重大化する恐れがある。特に，新興国では，市場が急成長することで事業も急拡大するが，事業活動に対する管理機能の整備が追い付かず，このことが不正の発生や見逃しの原因となるリスクがある。

　海外子会社等が事業部門の管理下にあり，モニタリングが有効に機能していない場合，人事・評価制度が売上や利益優先で行われている場合，現地の経営陣に親会社からの出向者がいない場合，赤字決算が継続している場合，企業グループ内における子会社の重要性が低く，親会社からの牽制が機能しにくい場合などには，相対的に不正発生のリスクが大きいと考えられる。

　海外子会社等における不正には様々なものがあり得るが，例えば，財務業績や製品品質の偽装，テストデータの改ざんなどが典型であろう。

　財務業績の偽装は，経営成績を実際よりもよく見せることによって親会社を騙し，また，財務情報に基づいて意思決定をする投資者や債権者などの利害関係者を騙すものであり，その社会的影響は重大である。ま

た，親会社が上場会社である場合には，子会社の業績偽装が連結財務諸表における重要な虚偽表示につながり，親会社やその取締役が金融商品取引法や会社法違反に問われたり，投資者や債権者などから損害賠償を求められたりするリスクもある。

　製品品質の偽装は，ある製品が所定の品質や機能を満たしていないにも関わらず，それらを満たしているかのように偽るものである。一方，テストデータの改ざんは，一定の検査基準や工程条件を遵守していないのにこれを満たしているかのように偽るものである。いずれも，虚偽の情報を受け取った相手に対しては詐欺や契約違反などに当たるし，場合によっては，不十分な品質によって重大な事故を引き起こす恐れもある。親会社やその取締役等には，海外子会社等による違反行為の結果に対して，損害賠償責任や刑事責任の追求を受けるリスクがある。

　こうしたリスクを的確に評価し顕在化を抑制するために，海外子会社等における内部統制の整備と有効な運営が必要である。そして，内部統制が実際に有効に機能しているかどうかを独立した立場で客観的に検証して親会社の経営者にアシュアランスを提供し，必要に応じて改善提案を行う機能として，内部監査が重要な役割を担うことになるのである。

4.　海外子会社の監査体制

　親会社が資本の100％を保有している子会社については，親会社の内部監査部門が直接監査を実施することに大きな抵抗はないかもしれない。しかし，親会社による保有割合が下がるにつれて，子会社に配慮したり親会社の監査部門の関わり方を慎重に検討したりする必要がある。特に現地企業と合弁で設立した子会社の監査に際しては，監査権の有無を確認するとともに，単独で監査をするのかそれとも合同で監査をする

のかを事前に確認しておく必要がある。また合同監査の場合には，どちらの監査基準に基づいて監査を実施するのか，また，監査報告書の言語をどうするのかについても話し合っておくことが肝要である。

　海外子会社の内部監査のやり方としては，親会社の本社から出張する形式と現地子会社の内部監査部門が行う形式，またはこれらの両方を組み合わせて実施する方法がある。

　これらの方式には，それぞれ一長一短がある。例えば，親会社からの出張形式をとる場合には，現地子会社に内部監査部門を設ける必要がなくその分の人的資源を利益獲得に向けた経営活動に配分することができることや，本社から直接統制のとれた監査を実施できるというメリットがあり得る。しかし，その一方で，経営活動に対する継続的なモニタリングが難しいため，リスク・マネジメントや内部統制の機能に対する日常的なモニタリングを充実させる必要があり，それなりのコストが必要となるかもしれない。

　現地子会社に内部監査部門を設けると継続的なモニタリングが可能になるが，現地における内部監査の結果を信じるしかなく，現地子会社の監査部門をいかにコントロールするかが課題となるかもしれない。これに対して，出張型なら親会社の内部監査人が直接経営活動の状況を検証することにより，グループ全体の責任者にとってより信頼性の高い監査結果を得ることができるであろう。

　多くの国に現地子会社をもつ場合，国によって文化や習慣が異なるため，監査を実施する際にも気配りが必要になることもあろう。また，様々な言語に対応する必要もある。海外子会社の監査の際には，日本の親会社に勤務する外国人従業員を通訳として同行させることもできるし，現地の従業員を使うこともできる。しかし，通訳として現地の従業員を使う場合には，適切に通訳されたかどうかで，当該従業員と子会社の経営

者や事業部門長などとの間で軋轢を生じる恐れがある。本社勤務の従業員に通訳させた方が，より正確なコミュニケーションができるという利点もある。グローバル企業において効果的な内部監査を実施するためには，こうした細やかな配慮が求められるのである。

5.　海外子会社における監査のプロセス

　本節では，海外子会社等の監査のプロセスと留意事項について考えてみることにする。

（1）　予備調査と事前準備
　内部監査は，一般に監査計画の策定に始まり，予備調査，本調査（往査），調査結果の評価・検討，現地講評会，監査報告書の作成，経営責任者やガバナンス機関などに対する監査結果の報告，フォローアップなどのプロセスからなる。このプロセス自体は，海外子会社等における監査でも基本的に変わるものではない。ただし，出張型の海外子会社等監査に際しては，往査前の国内での準備を，国内での往査のとき以上に入念に行う必要がある。
　ここではまず，現地での本調査（往査）に先立って行われる，予備調査や事前準備について説明する。
①　予備調査
　予備調査では，本調査の対象部門についてのデータや情報を収集・分析し，監査項目を設定するとともに，監査項目に適合する監査手続を選択して決定する。
　予備調査においては，例えば，**表11－1**に示すようなデータや情報が収集・分析される。

表11－1　予備調査で収集・分析されるデータ・情報の例

> 労務関係（時間外労働時間）
> 経費関係（旅費，交際費）
> 固定資産関係（固定資産台帳）
> 決算数値などイントラネット経由で入手できる数値
> 管理部門からの情報（人事部，経理部，法務部，情報システム部，経営
> 企画部）

　これらに加えて，各種会議の議事録や従業員の研修記録，CSA（自己評価）の質問用紙などを入手して検討する。また，子会社については，社員名簿，賃金台帳，経費などに関するデータ・情報を集めて，分析する場合もある。

　こうしたデータや情報は，時系列，頻度・回数，金額・単価，前年度同期比などの視点から分析され，異常値の有無やリスクの大きさなどが検討される。異常値があれば誤謬や不正のリスクが大きいと判断され，本調査において重点的に調査すべき監査項目とされる。こうした監査項目には，監査資源（人員，時間，予算など）が重点的に配分され，厳格な監査手続が選択・実施されることになるのである。

② 　事前準備

　本調査は，内部監査人の間では「往査」と呼ばれることが多い。なぜならば，本調査は，子会社，工場，店舗，事業所，支店など，事業部門の活動が実際に行われている現場に"往（行）って"実施する調査だからである。したがって，内部監査部門と同じ社屋にある事業部門以外への往査に当たっては，移動のための時間や費用がかかる。遠方の現場，とりわけ海外の子会社等への往査はたびたびできるわけではない。一度の出張で必要な調査を実施しなければならないため，出発前に入念な準

備をしておく必要がある。

　具体的な準備事項としては，現地で監査人が作業をする部屋や，聞き取り調査をするための部屋などを予約することから，業務の外部委託先との面会予約を取ってもらうように現地に依頼すること，派遣社員との面接の予約をすること，特に子会社への往査に当たっては，会計監査人（会計監査事務所）との面会予約を取ってもらうように子会社に依頼することなどまで，大小様々な事項がある。また，往査に携行する"監査グッズ"（表11－2）を手配することも，大事な事前準備である。海外では，日本のように便利な文具を調達しにくい場合があるし，現地の監査先から物品を借りるということは，できるだけ避けた方がよいということもある。

表11－2　監査グッズの例

モバイルコンピュータ，携帯電話，デジタルカメラ，ステープラー，糊，クリアファイル，付箋紙，クリップ，電子辞書，USBメモリーなど

（2）　海外子会社における監査項目

　海外子会社等の本調査では，社長，経理部長，経理担当者や出納係，重要な事業部門の部門長，事業の外部委託先，会計監査事務所などを対象として聞き取り調査を実施する。

　監査項目としては，例えば，表11－3に示すようなものが考えられる。業務に関わる諸規程の有無，取引・会計記録や資産の管理状況，情報管理の状況などはもちろん，ハラスメントや従業員のメンタルヘルスへの対応状況なども監査の対象となる。本調査では，こうした項目について，それぞれ適当な監査手続が選択され，実施されるのである。

162

表11－3　子会社における監査項目の例

重要規程の有無（定款，決裁基準，就業規則，労使協定，賃金・退職金
規程，懲戒規程，旅費規程，ハラスメント防止規程，ホットライン規程等）

銀行印・会社印の管理状況

銀行口座の管理状況

小口現金の管理状況

情報システム特権IDの管理状況

職責分離（例：経理担当と出納係），自己決裁の有無

領収書，契約書等の管理状況

売上債権，小切手等の管理状況

固定資産（計上，廃棄，実在性等）の管理状況

経費（接待費，社内懇親費，旅費等）の使用状況

外部業務委託の管理状況

ハラスメントへの対応状況

メンタルヘルスへの対応状況

情報管理の状況（電子データ，施錠，文書管理規程，個人情報管理規程，
インサイダー情報取扱規程等）

（3）　海外子会社監査における留意事項

①　法令・慣習の違い

　海外子会社等で労務管理やコンプライアンス（法令等の遵守）に対する監査を実施する際には，国によって法令や社会的慣習が異なるという点に十分留意する必要がある。日本では法令違反あるいは不正とみなされるものが，当該国では問題視されない場合，あるいはその逆の場合があるかもしれない。

　現地の方が厳しい立場をとるケースはともかく，日本の方が厳しい見方をするケースでは注意が必要である。例えば，時間外労働に関する，

いわゆる「36協定」(注)は，海外子会社では監査の対象とならないかもしれない。現地子会社等における業務に対して，親会社の基準で違法性や不正を指摘することが，子会社等の経営者，事業部門長，従業員等との間で摩擦を生むことにもなりかねない。当該国のルールをよく調べたり，現地の法律家に確認したりする必要があろう。

　例えば，EUでは，「一般データ保護規則（GDPR）」によって，域内からの個人情報の持ち出しが規制されているため，該当国からの帰国時には十分確認する必要がある。その一方で，財務や経理，情報セキュリティに関しては，国際基準の整備が進んでおり，国によるルールの差異が小さく比較的監査がしやすい領域である。

② 　言語の違い

　前節でも触れたが，海外子会社等における監査では，言語の違いやそれに起因するコミュニケーションの問題に留意しなければならない。英語には比較的対応しやすいかもしれないが，それ以外の言語については工夫が必要である。海外子会社等への往査に際して，親会社の外国人従業員を通訳として帯同することも検討する必要がある。

　一般の通訳者に依頼することもできるが，その場合には，専門用語の理解などについての確認が必要である。財務・会計や経営の専門用語に精通しているという点では，現地の会計事務所を活用するのも選択肢の一つである。なお，社外者に通訳を依頼する場合には，守秘義務契約の締結に留意しなければならない。

③ 　確認作業

　内部監査の業務プロセスは，その対象が国内の子会社，事業部門，事業所などであっても，海外子会社等であっても，基本的に大きく異なることはないはずである。しかし，海外での監査業務では，現地に出向くのに国内よりも多くの時間と費用がかかるため，手続のやり直しや追加

(注)「サブロク協定」と呼ばれ，労働基準法が定める，1日8時間・1週40時間以内を原則とする法定労働時間を超えて時間外労働（残業）をさせる場合に，労働基準法第36条の規定に基づいて締結される労使協定のこと。

を行うことが難しい。このため，一度の往査で重要なポイントを確実に押さえておかなければならない。

　監査手続の本質は，監査証拠の収集作業である。監査論でいう監査証拠とは，例えば，資産管理の適切性といった監査項目に対して，管理対象資産の現物，管理状況を記録した書類，管理担当者への質問の回答などによって裏づけられた，監査人自身の適否に関する判断のことである。しかし，実際には，裏づけとなる現物，記録，回答などを監査証拠と考えた方がわかりやすいかもしれない。いずれにしても，監査人は，収集した証拠に基づいて，監査対象に対する自らの判断を積み上げることによって，アシュアランス（保証）および改善の指摘や勧告などを行うのである。

　資産は実在性の確認が最も重要であるため，これを確かめるために実査という監査手続が実施される。また，会計監査人は会計業務の適切性を確認するための有用な情報源となるため，往査前にあらかじめ申し入れをした上で，現地でヒアリングを実施することが望ましい。

　予備調査の段階で，往査先の状況についてデータや情報の収集と分析が行われているとはいえ，現地に来てはじめて明らかになる問題点や課題などがあり得る。こうした想定外の事項については，監査部門長が同行している場合は別として，現地スタッフだけで判断したり判断を保留したまま帰国したりせず，親会社の監査部門長と連絡をとり，指示を仰ぐようにする必要がある。海外監査の場合，未確認の事項を後日改めて確認に行くことは困難である。

　こうした確認作業には，時差をうまく活用すると，その後の監査手続を効率的に実施することができる。例えば，欧州の子会社の監査手続で親会社に確認すべき事態が発生した場合，当日の夜に日本へ照会，分析，確認などを依頼すれば，親会社では昼間の業務時間内に確認などを行い，

欧州の翌朝には回答が送られてくる可能性がある。

　本調査の終了時には，国内・外を問わず，現地講評会を実施すること
が望ましいが，とりわけ海外子会社等の監査においては，帰国前に監査
結果について内部監査人と現地責任者との間で十分な確認をし，合意し
ておく必要がある。帰国後に監査報告書を送付してから見解の相違や要
確認事項などが発生すると，電話，FAX，Eメールなどによって確認
作業を行うこととなり，大変な苦労をともなうものとなる。

（4）　現地講評会

　現地講評会の出席者，所要時間，実施方法などは会社ごとに様々だろ
うし，それぞれの工夫があってよい。

　講評会への出席者としては，例えば，監査対象側は，子会社の社長，
管理責任者，対象部門の部門長，内部監査部門側は，監査部長，監査チー
ムのリーダーなどが考えられる。講評会の所要時間は60分から90分程度
で，プレゼンテーションツールを用いることも有効であろう。

　講評を行う場合の留意点としては，①講評内容が監査の最終意見では
ないことを明確に伝えること，②問題点は現物や写真などの証拠に基づ
いて説明し，具体的に指摘すること，③問題点を指摘するだけでなく，
評価できる点があれば合わせて指摘すること，ならびに④見解の相違が
解消されない場合には，監査対象側の見解を無視せず，監査報告書に併
記することなどをあげることができる。

　講評会で使用する資料は，監査対象側と内部監査部門の両方が理解で
きる言語で作成する必要がある。講評会の際に指摘された合理的な修正
事項はその場で修正した上で，出席者に宛てて現地で送付してから帰国
することが望ましい。帰国後は，電話やEメールなどが主なコミュニケー
ション手段となるが，こうした手段によって確認しながら修正するのは

非常に難しいからである。

6. 内部監査部員の国際的能力の涵養

　内部監査がその役割を有効に果たすことができるかどうかは，監査の実施者である内部監査部員の能力に依存する部分が大きいと考えられる。現代の内部監査では，非効率な業務や不正などの問題点を具体的に指摘することよりも，業務に対するマネジメントやコントロールの機能の有効性に対してアシュアランス（保証）を提供することが重視されている。アシュアランスは内部監査人の判断に基づいて提供されるものであるため，内部監査人の判断能力がアシュアランスの価値に大きな影響を与えるのである。

　このため，内部監査人は，研修などによって知識・能力を維持・向上させることが必要となる。特に，海外子会社等での監査に従事する内部監査人にとっては，国際的に通用する能力を身につけることが，効果的な監査を実施する上で重要な要件となるだろう。

　内部監査部員に対して，IIAなどの機関が認定する国際的な専門資格（例えば，CIA，CFE，CISAなど[注]）の取得を推奨する会社も多い。こうした資格を取得するための学習や研修などを通じて，内部監査部員が，国際的水準の知識・能力を身につけることが期待されるのである。また，IIAの国際大会をはじめとする国際会議などへの参加は，内部監査の国際的な最新動向に直接触れ，国際的感覚を磨く良い機会となるであろう。

（注）CIA：公認内部監査人，CFE：公認不正検査士，CISA：公認情報システム監査人

7. まとめ

　海外子会社等の監査においても，監査のプロセス自体が，国内子会社等の場合と大きく異なるわけではない。しかし，往査の際にかかる時間や費用を考慮すると，海外子会社等の監査に当たっては，事前準備や予備調査をより一層入念に行う必要がある。

　また，国によって異なる法令や制度，文化や社会的慣習を十分に考慮する必要もある。さらには，言葉の違いによって生じる軋轢や摩擦などにも留意しなければならない。

　海外子会社等の監査に従事する内部監査人には，国際的な専門資格の取得に挑戦したり，内部監査人の国際会議に参加したりするなど，国際的に通用する監査の知識や能力を身につけるための努力が求められる。

　国内か海外かを問わず，効果的な監査を実施するためには，監査対象とのコミュニケーションを円滑に行うことが必要である。海外子会社等監査におけるコミュニケーションでは言語の問題にとらわれがちだが，監査対象子会社等が所在する国の風土，文化，慣習などを十分に理解することも重要な課題である。

【学習課題】

1．国内子会社等への往査と海外子会社等への往査とでは，予備調査や事前準備にどのような違いがあるか考えなさい。
2．海外子会社等の内部監査を行う際に留意すべき事項を整理しなさい。
3．海外子会社等の往査に際して，特に帰国前に注意しなければならない事項を整理しなさい。

参考文献

EY新日本有限責任監査法人『海外子会社の内部統制評価実務』同文舘出版, 2018年。

高橋均『グループ会社リスク管理の法務(第2版)』中央経済社, 2015年。

長谷川俊明『海外子会社のリスク管理と監査実務』中央経済社, 2017年。

ベーカー&マッケンジー法律事務所, KPMGコンサルティング株式会社『海外子会
社リーガル管理の実務』中央経済社, 2019年。

12 | 中小企業における内部監査

齋藤　正章

《**学習のポイント**》　業種や業態が多様で数も多いという中小企業の特色を理解し，中小企業における内部監査の必要性やあり方について理解する。さらに，中小企業の内部監査はどうあるべきかについて検討する。
《**キーワード**》　中小企業，キャッシュ・フロー管理，コーポレートガバナンス，会計参与

1. 中小企業の定義

　中小企業庁では，中小企業を中小企業基本法第2条第1項の規定に基づいて「中小企業者」を**表12−1**のように定義している。

表12−1　中小企業の定義

業　　種	中小企業者 (下記のいずれかを満たすこと)	
	資本金	常時雇用する従業員
①製造業・建設業・運輸業　その他の業種（②〜④を除く）	3億円以下	300人以下
②卸売業	1億円以下	100人以下
③サービス業	5,000万円以下	100人以下
④小売業	5,000万円以下	50人以下

（出典：『中小企業白書』平成27年度版）

　また，中小企業は中小会社とも呼ばれることがある。会社法では直接的な中小会社の規定をしていないものの，中小会社とは「資本金の額が５億円未満でかつ負債の額が200億円未満の会社」と定義することができる。これによると，中小企業が定義する資本金額よりも大きな会社も含まれることになる。

　いずれにせよ，中小企業の実体は，企業規模，業種，業態が多様であるといえる。例えば，同じ業種であっても地域ごとに需要や雇用などが異なるため，業種ごとの全体的な把握すら難しいと言われている。また，中小企業は，株式会社の９割以上を占め，非常に数が多いことも指摘できる。このように，中小企業は多元的な性格を有しているが，いくつかの共通点を指摘することもできる。

2．中小企業の特色

　中小企業に共通の特色として以下の点があげられる。
①経営資源（ヒト・モノ・カネ・情報）が乏しい
②経営者の個性が強い
③同族会社であることが多い
④借入金依存体質が多い
⑤創造性・機動性・技術力による潜在的市場創出能力が高い

　まず，①であるが，企業経営に必要な経営資源が中小企業には乏しい。知名度が低いために思うような人材を集められなかったり，購買活動に困難を感じたり，資金難，必要な情報へのアクセスが遅れたりしてしまう。これらが，大企業に作用する規模の経済性（スケール・メリット）を得がたいという短所にもつながっている。

　②の経営者の個性については，良い面と悪い面がある。つまり，社長の個性（性格）が従業員，ひいては社風にダイレクトに影響するのである。これは，中小企業は従業員数が比較的少ないために経営者と従業員の距離が近いためである。社長がリーダーシップを発揮し，社員全員が一丸となることが可能であるが，方向を間違えてしまうと，経営者ばかりか従業員を巻き込んでしまうことになる。

　③の同族経営についても良い面と悪い面がある。血縁であるという繋がりはチームワークを良くし，モラル・ハザード等のエイジェンシー問題の発生確率を低下させると期待される。しかし，これが悪い方に働くと，なれあいや公私混同といった会社の私物化をもたらし，従業員や社会に迷惑を掛ける元凶ともなりうるのである。

　④の借入金依存体質は，①とも関係するが，資金不足のために金融機関からの借入れに頼らざるを得なくなる。外部からの資金調達に頼らない堅固な財務体質が理想であるが，これがかなわず，多額の借入金に頼るようになると，経営環境の変化への対応が遅れ，経営者の経営方針にも最大の利害関係者である金融機関が深く関与してくるなど，経営者は経営の自治をどう確保するかという課題に常に頭を悩ますようになる。また，借入→返済→借入……の繰返しで資金繰りに注力するようになり，肝心の経営がおろそかになる可能性がある。

　⑤の潜在的な市場創出能力であるが，これは中小企業が最も得意とするところであり，大企業ではなし得ない財やサービスの提供を中小企業が担っているといえる。

　こうした長所・短所をもつ中小企業であるが，次節ではその経営上の問題点を指摘し，その打開策の鍵をにぎるのが内部監査であることを指摘したい。

3. 中小企業の問題点と内部監査

中小企業の問題点としては次の3点をあげることができる。

①キャッシュ・フローの管理

②本業への集中

③適切な人材管理

企業の目的は，調達した資金を本業によって効率よく運用し，投下した資金よりもできる限り多くの資金を回収することにある。まず，①のキャッシュ・フローの管理は前述の資金繰り以上に重要な意味をもつ。これについては後述する。

次に，②の本業への集中であるが，中小企業の経営者は概して商売を広げたがる傾向があり，特に本業が成功した後にその傾向は強くなる。しかし，すべての分野に強い万能の経営者は存在しない。経営資源には限りがあるのであるから，自己の強みと弱みをしっかりと把握し，その強みを発揮できるところに経営資源を集中すべきである。

③の適切な人材管理とは，中小企業の場合はシステムとしての会社というよりは，特定の「ヒト」に依存する部分が大きいため，何よりも人材管理が優先される。そのためには，まず，従業員に適切な目標を与え，その到達度を測定し，組織の効率化に役立てるという流れを確立することが大切である。必要に応じて，社員研修を行ったり，公正な能力評価制度の整備を行う。また，計画的な人材採用を達成できるような方策を立てたり就業規則の整備も重要である。

ここであげた3つの問題点に対し，内部監査はどのような解答を与えてくれるであろうか。

4．キャッシュ・フローの管理と内部監査

　キャッシュ・フローとは，現金の流入額（インフロー）と流出額（アウトフロー）のことをいい，キャッシュ・インフローとキャッシュ・アウトフローの差額を正味キャッシュ・フローという。キャッシュ・フローの管理には，「営業活動によるキャッシュ・フローの管理」，「投資活動によるキャッシュ・フローの管理」，「財務活動によるキャッシュ・フローの管理」という３つの管理活動があるが，その中で特に重要なのは営業活動によるキャッシュ・フローの管理である。

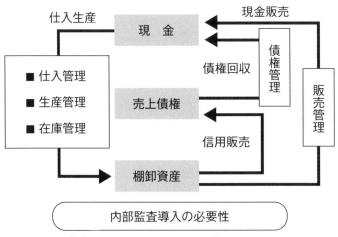

図12－1　営業キャッシュ・フローの管理

　営業活動によるキャッシュ・フローには，商品（製造業では原材料）やサービスの購入による支出面と商品・製品やサービスの販売収入面からとらえることができる（**図12－1**）。
　まず，企業は営業活動を開始するために資金を集め，商品や原材料を

購入する。次にこれを販売すると，投下した資金よりも大きな現金が回収される。この投下された現金が，営業活動によってさらに大きくなって現金として回収される。これが営業活動によるキャッシュ・フローである。また，販売代金は現金で回収されるだけでなく，販売時に受取手形や売掛金といった売上債権が計上されることもある。これを信用販売という。売上債権も後日，現金として回収される。

　営業活動によるキャッシュ・フローの管理の課題は，キャッシュ・アウトフローである支出面を節約し，キャッシュ・インフローである現金を効率よく回収し，正味キャッシュ・フローである営業活動キャッシュ・フローをいかに大きくするかにある。言い換えれば，現金→棚卸資産→売上債権→現金のサイクルの中でいかに早く現金が移動するか，つまり現金回収のスピードをいかに上げるかがポイントとなる。そうすると，不得手な業務に手を出しているヒマはないのである。本業に集中すべきだと指摘した理由はここにある。

　それでは具体的にどのようにして，営業活動によるキャッシュ・フローを効率よく回すのであろうか。

　まず，購買面においては，仕入管理（購買管理）や生産管理，さらには在庫管理（棚卸資産管理）が重要となる。仕入管理とは，請求書と納品書の内容が合っているかどうか，請求書と買掛金の金額が合っているかどうかについての確認である。生産管理とは，工場において資源の効率的な利用が達成されているかどうか原価計算の技術を利用しながら効率的な生産を達成することである。また，在庫管理とは，検収方法の確立や定期的な棚卸しを行い，帳簿有高と実際有高の確認はもちろん，評価額への切下げや担当者以外の者による実査を通じた商品管理をいう。

　次に債権管理であるが，売掛金がどれくらいで回収されるのかについて取引先ごとの売掛金の年齢調べを行い，スムースな回収に役立てるこ

とをいう。

　販売面においては販売管理が必要となる。例えば，販売価格や販売条件が守られ，不当な値引きや販売交渉が行われていないかとか，営業員のスケジュールの把握・確認などがあげられる。

　中小企業では，大企業に比べ，これらのチェック・管理が十分とはいえない。それでは，こうした管理を何によって実現するか。その答えの1つが内部監査なのである。ここに中小企業にも内部監査を導入すべきであるという議論の余地が生まれる。内部監査の導入によって営業活動によるキャッシュ・フローの回転を早めることこそが中小企業の経営課題であるといえるのである。先述のように，キャッシュ・フローの管理には，財務活動によるキャッシュ・フローの管理，投資活動によるキャッシュ・フローの管理がある。財務活動によるキャッシュ・フローの管理は現金そのものの収入・支出によってもたらされるキャッシュ・フローを管理することである。また，投資活動によるキャッシュ・フローの管理は営業活動をバックアップする固定資産投資に由来するキャッシュ・フローの管理である。これらの管理活動にも内部監査が有用であることは言を俟たないところである。

　それでは，逆にこれらの内部監査がうまくいかないとどういうことになるか考えてみよう。いわゆる中小企業の失敗である（図12−2）。

　まず，経営者が適切な管理を欠くと従業員の不注意や怠慢を誘発することになる。そうして市場に出される商品や製品は顧客に受け入れられなくなり，売上減から無理な原価削減を実行し，それが発覚すると企業不祥事として取り沙汰される。結果，業績が悪化し，最悪の場合には倒産・廃業に至る。経営上の困難に陥った企業は，多くの場合，図12−2を逆に進む。しかし，問題が生じてからでは遅いのである。企業業績の悪化や不正防止のために事前に内部監査を導入し対策を講じておく必

```
┌─────────────────────────┐
│ 経営者が適切な管理を欠く │
└─────────────────────────┘
            ↓
┌─────────────────────────┐
│ 従業員の不注意や怠慢を誘発 │
└─────────────────────────┘
            ↓
┌───────────────────────────────┐
│ 消費者の不支持や企業不祥事の発生 │
└───────────────────────────────┘
            ↓
┌───────────────────────────────┐
│ 業績の悪化や最悪の場合，倒産 │
└───────────────────────────────┘
```
図12－2　中小企業の失敗

要がある。

　このように中小企業にとって，内部監査は非常に重要であるが，日本内部監査協会の調査によっても中小企業の内部監査の事例はほとんど存在しないのが現状である。その理由として，①内部監査の重要性が理解されていない，②人材不足のため内部監査をやる人間がいない，教育も行われていない，という点があげられる。

　しかし，中小企業に内部監査が浸透しないからといって，それが不必要であることを意味するわけではない。これには経営者の意識改革が不可欠なのである。

5. 経営者の意識改革と内部監査

（1）　組織運営の効率化

　先ほど指摘したように，中小企業の組織運営の効率化のために内部監査の活用が欠かせない。従業員に適切な業績指標を与え，その意思決定

を支援するためである。また，従業員に誤りを起こさせない，あるいは
職場に一種の緊張感をもたせるためにも内部監査は欠かせない。そのた
めにも経営者は，自らが現金や預金通帳，小切手帳や証書類を管理・保
管し，それらと印鑑を別に管理するなどして，組織の規律について率先
して範を示さなくてはならない。

　しかし，組織運営の効率化だけでよいのであろうか。例えば，顧客か
らのクレームに従業員が対応する。内部監査の成果で現場でも正しく処
理され，その内容が経営者へと伝えられる。経営者は当然，このクレー
ムをもとに経営改善を試みるのが自然の流れであるが，このクレームを
無視しないとは限らないのである。

（2）　経営者を誰が監査するのか

　経営者は会社のトップであるため，まさか自分が内部監査の対象にな
るとは夢にも思わないかもしれない。またその必要性を感じなかったり，
中には怒りをおぼえる経営者もいるかもしれない。しかし，クレームの
中にも建設的なものがあり，まさに「良言は耳に痛い」場合もあろう。
そのときにそれをどう受け止めるかで企業の命運が左右されるのであ
る。自分を律するのが困難であれば，日頃からそれをサポートする仕組
みを作っておく必要がある。これが経営者自身の内部監査である。

　このように組織内部の効率化と同時に，経営者を誰が見張るのかとい
う問題が生じるわけである。そこには，中小企業のコーポレートガバナ
ンスという視点が加えられているのである。

　つまり，企業内部の効率化と同時に，経営者自らがチェックを受けよ
うとする姿勢が大切なのである。もちろん資金の効率的な運用を果たし
利益を獲得することも大事であるが，中小企業も社会の一員であること
を再認識し，一段高い視野からの経営を行う必要があるのではないか。

経営者の倫理観，社会性が問われているのである。

　そこで，中小企業の内部監査を誰が担うかについて１つの可能性を考えてみたい。それは社外ブレーンや社外アドバイザーの活用である。

（3）　会計参与制度の活用

　会社法の施行により，会計参与が設けられた。ここで，会計参与とは，取締役と共同して，計算書類等を作成する会社の機関（会社法374条１項）のことをいう。会計参与は，公認会計士（監査法人），税理士（税理士法人）でなくてはならない。中小企業のケースでは，その関係の深さから税理士または税理士法人が会計参与となる可能性が非常に高いといえる。

　会社法のいう会計参与は，「取締役と共同して，計算書類等を作成する」というものであるが，果たして，会計参与の仕事は決算書を作成するだけでよいのであろうか。会計参与は名前のとおり，会社の「会計」の「参与（相談などにあずかること）」の立場にあるといえる。企業に関与し財務諸表を作成するからには，当然「こうしたらいい」という経営上のアドバイスも生まれるはずである。経営者は税理士との信頼関係の中で社外ブレーン，社外アドバイザーとして税理士を活用してみてはどうであろうか。

　以上，中小企業と内部監査について検討したが，中小企業が内部監査を導入する道は平坦ではない。しかし，中小企業にとっての内部監査とは，コスト負担を強いる得体の知れないものではなく，チャンスをものにしていくための仕組みであり投資なのである。

【学習課題】

1．身近な中小企業にはどんな会社があるか調べてみよう。

2．営業キャッシュ・フローを改善すると借入金体質が改善されていく。それはなぜか。

3．中小企業に内部監査が導入されるとした場合，どのようなプロセスで導入されるか。

参考文献

青木茂男『現代の内部監査（全訂版）』中央経済社，1981年。

齋藤正章『管理会計（四訂版）』放送大学教育振興会，2022年。

13 | 非営利組織における内部監査（1）

齋藤　正章

《学習のポイント》　営利組織と同様に，非営利組織においても内部監査は重要である。これまでの営利組織の内部監査を念頭に置きながら，非営利組織の内部監査について学習する。
《キーワード》　非営利組織，国，官公庁，地方公共団体

1. 非営利組織における内部監査の重要性

　これまでの章は営利組織である企業を対象として議論してきた。本章と次章では営利を目的としない非営利組織について，内部監査がいかに活用されているかをみてみたい。

　ところで非営利組織と聞いて，どのような組織をイメージするであろうか。ボランティア団体を真っ先に思い浮かべる人もいるかもしれないし，NPO法人といった用語を知っている人もいれば，学校法人や宗教法人の名前をあげる人もいるであろう。このように，ひとくちに非営利組織といっても様々な組織が存在する。したがって，まず非営利組織の概念を明らかにしよう。

　非営利組織とは文字どおり「営利を目的としない組織である」が，営利を目的としない組織は上述のように多岐にわたっている。非営利組織を大別すると，まず国・地方公共団体とそれ以外に分けられる。非営利組織のうち，国・地方公共団体以外の組織は「非営利法人」で，非営利

法人とは事業活動の成果である剰余金を外部に分配しない組織である。非営利法人では稼得した剰余金を外部に流出させずに内部に留保し，それを事業に再投下するので，利益を最終目的としないという意味で「非営利」とされる。これには一般社団および一般財団法人法による法人と，そのうち公益認定を受けた公益社団法人と公益財団法人，特別法により法人格を与えられる法人，例えば私立学校法による学校法人，社会福祉法による社会福祉法人，特定非営利活動促進法（NPO法）によるNPO法人，独立行政法人通則法による独立行政法人などに分けられる。

　内部監査は，営利組織と同様に非営利組織においても重要である。内部監査は「内部統制の目的をより効果的に達成するために，内部統制の基本的要素の一つであるモニタリングの一環として，内部統制の整備および運用状況を検討，評価し，必要に応じてその改善を促す」のであるから，内部監査が内部統制にとって重要な要素であることがわかる。内部統制は基本的に，①業務の有効性および効率性，②財務報告の信頼性，③事業活動に関わる法令等の遵守ならびに④資産の保全の４つの目的が達成されているとの合理的な保証を得るために，業務に組み込まれ，組織内のすべての者によって遂行されるプロセスである。ここでいう４つの目的は営利組織であれ非営利組織であれ同じように達成されなくてはならないものである。そのように考えれば，内部監査が非営利組織で十分に機能していなければ，これらの目的は達成されない恐れがあるといえよう。私たちは，様々なメディアで国や地方公共団体の職員がその資金を不正に流用したという記事を目にすることがある。また，地方公共団体の外郭団体（地方公社）で10億円単位の公金が横領されたり，公金が不正流用されたというようなことを聞くと，なぜ未然に防げなかったのか，そんなこともわからなかったのかと疑問に思う。これは明らかに内部統制の不備であり，それをチェックする内部監査が適切に行われて

いないのではないかとの推測をもたらす。

　そこで，本章と次章にわたり，国・地方公共団体，学校・NPO法人等における内部監査の状況を，これらの組織の監査と関わらせながら検討することにしよう。

2．国の機関における内部監査

　内閣，国会，裁判所等の国の機関の会計経理は，これらの国の機関全体に適用される会計法，予算決算および会計令等の会計法令に基づかなければならないが，それ以外に，国の機関自らが定めた会計経理事務に関する内部規定等に基づき実施されている。この国の会計経理の適正性を確保するために内部牽制の仕組みが取り入れられている。

　会計法令の規定では，会計機関相互の事務分担，各種帳簿の整理，各種報告書・計算書の作成，出納官吏の交代時における帳簿金庫の検査等を通じて，会計機関による一定の内部牽制が行われることとなっている。

　監査には，内部牽制の仕組みが適切に運用されているか，会計法令等に従って経理事務が行われているかといった会計監査のほかに，事務・事業の執行が適法に行われているか，効率的に行われているか，構成員の服務状況はどのようであるか等をチェックする業務監査がある。国の機関の検査には，①各府省庁の組織令等に基づいて組織の内部に設置され，実施される内部監査，②国の機関からの独立の機関による監査がある。

　①の内部監査はそれぞれの機関における会計経理，事務・事業の執行等を監査している。

　②の独立機関の監査は，国の機関から独立した会計検査院によって行われる検査である。会計検査院は，国の機関の会計経理を正確性，合規制，経済性，効率性，有効性等の観点から検査を行い，その結果を会計

検査院報告として，内閣を通じて国会に提出している。

　国の機関の内部で行われる内部監査では，会計検査のみならず業務監査も行われている。内部監査の陣容や内容は国の各機関によって差があるが，各機関での会計課に対して内部監査機構の組織上の位置づけは次のように大別される。

　(1)　内部監査機構が会計担当課から独立しているもの（独立型）

　(2)　会計担当課が会計監査に関する事務を所掌するもの

　　①　会計担当課におかれた「室」が会計監査を行うもの（課内室型）

　　②　会計担当課内で監査業務を担当する「官」「係」等を置くもの（専担型）

　　③　会計担当課内で会計経理業務を処理する「官」「係」等に会計監査業務を兼務させるもの（兼務型）

　一般的に監査は，監査対象から独立していることが何よりも肝要であるが，組織的にみて独立性が確保されているのは全体の２割程度であって，大半は会計担当課が会計監査業務も所掌しているとされている。その理由としては，国の機関とひとくちに言っても規模も職員数も異なり，監査に従事する職員の規模も様々なことがあげられる。とはいえ，やはり独立性を確保して，監査を実施することを目指さなくてはならないだろう。

　また独立型の組織を採用しているところでは，監査にあたって監査計画が立てられ，よく練られたマニュアルに従って監査が行われているケースが多い。しかし，兼務型になると，監査計画が立てられ，マニュアル等が整備されている組織は半数以下であり，実施体制に問題を残している事例が多い。

　監査の内容としては，内部牽制組織が適切に機能しているかどうかといった基本的なことをはじめとして，支出が法令に従った手続きで行わ

れてるかというコンプライアンスが中心となるが，さらに事務・事業が経済的・効率的であるかも検討される。

　具体的な監査の実施内容として多くの機関で行われているのは，公共調達適正化の流れを踏まえて随意契約をはじめとした契約の監査のウエイトが高い。この場合，例えば，①一定の金額以下であれば随意契約（少額契約）することが認められているので，意図的に分割して少額発注していないか，②一般競争等に移行する余地はないか，③随意契約の理由は妥当か，④他に適当なものがないことを理由としている随意契約で，その大半を再委託しているなどの事態はないか，といったような観点で監査は行われる。

　また，不正が発生しやすい旅費なども監査対象である。この場合，①架空出張をして裏金をつくっているような事態はないか，②航空機などを利用する出張では経費節減等の効率化に沿ったものとなっているか，といったことを念頭に置いて監査が行われている。国民の税金は有効に使われなくてはならないので，国の機関における内部監査に期待されるところは大きい。

3. 地方公共団体における監査

　地方公共団体の会計経理および事務・事業の執行に関する監査の体制はどのようになっているのであろうか。

　地方自治法で定められた2つの監査制度がある。1つは監査委員による監査である。もう1つは外部監査契約による監査である。それぞれについてみてみよう。

（1）　監査委員による監査

　監査委員は，地方自治法第2編第7章第3節第5款「監査委員」で定められている。監査委員は，地方公共団体の長が議会の同意を得て，人格が高潔で地方公共団体の財務管理，事業の経営管理その他行政運営に関し優れた識見を有する者のうちから地方自治法に定める数を選任する。監査委員の職務を補助する監査事務局または補助員についても地方自治法の定めがある（表13－1）。

表13－1　監査委員の定数，監査事務局または補助職員に関する規定

監査委員の定数に関する規定	監査事務局または補助職員に関する規定
都道府県および政令市……4人 その他の市町村……………2人 ※ただし，条例で定数を増加させることができる	都道府県……監査事務局必置 市町村………監査事務局を置くかまたは　　　　　　補助職員を置く

　監査委員の職務のうち主なものは，
　　①定期（定例）監査
　　②随時監査
　　③行政監査
　　④財政援助団体等監査
　　⑤住民監査請求に基づく監査
　　⑥決算審査
などである。①は，毎会計年度少なくとも1回以上期日を定めて，地方公共団体の財務に関する事務の執行（予算の執行，収入，支出，契約など）および経営に係る事業の管理（運営全般）を監査するものである。②は，監査委員が必要であると認めるときは，随時，定期監査と同様に地方公共団体の財務に関する事務の執行（予算の執行，収入，支出，契

約など）および経営に係る事業の管理（運営全般）を監査するものである。①も②もその監査対象は，財務に関する事務の執行と経営に係る事業の管理（運営全般）であって，その職務の範囲は財務に限定されず，経営全般にわたっていることに注意しよう。

　地方自治法は第2条「自治行政の基本原則」の中で「地方公共団体は，その事務を処理するに当つては，住民の福祉の増進に努めるとともに，最少の経費で最大の効果を挙げるようにしなければならない。」（第14項），「地方公共団体は，常にその組織及び運営の合理化に努めるとともに，他の地方公共団体に協力を求めてその規模の適正化を図らなければならない。」（第15項）という規定をもつ。したがって，監査委員にはこれが遵守されているかどうか監査することが求められているのである。つまり，言い換えれば，経済性（economy），効率性（efficiency），有効性（effectiveness）という観点での監査，英語の頭文字Eをとって3E監査と呼ばれるものが必要とされていると解釈されるのである。監査委員を補佐する監査事務局や補助職員は，財務監査のみならず3E監査にも取り組まなければならないのある。それは内部監査の目的ともなっている。その意味で内部監査が活用されているかどうかは地方公共団体の監査委員制度が生かされているかどうかを決定するものであるともいえる。

（2）　外部監査制度

　1999年から監査委員制度に加えて，外部監査契約に基づく監査が導入された。外部監査契約とは包括外部監査契約および個別外部監査契約をいう。外部監査人には，公認会計士等の資格要件（地方自治法第252条の28）がある。この制度は，地方公共団体の監査機能の独立性と専門性を強化するとともに住民の監査機能に対する信頼性を高めるために導入

されたものである。

【学習課題】

1．非営利組織についてもなぜ内部監査が重要なのか説明しなさい。

2．会計検査院では「監査」ではなく「検査」という言葉を使う。それはなぜか，調べなさい。

3．地方公共団体の監査について整理しなさい。

参考文献

大塚宗春・黒川行治責任編集『政府と非営利組織の会計』中央経済社，2012年。
亀井孝文『公会計制度の改革』（第2版）中央経済社，2011年。

14 | 非営利組織における内部監査（２）
—非営利法人における内部監査—

齋藤　正章

《**学習のポイント**》　非営利組織における内部監査のうち，非営利法人（とりわけ独立行政法人，学校法人，NPO法人）における内部監査について理解する。

《**キーワード**》　非営利法人，独立行政法人，学校法人，NPO法人

1. 独立行政法人における内部監査

　独立行政法人とは，「国民生活及び社会経済の安定等の公共上の見地から確実に実施されることが必要な事務及び事業であって，国が自ら主体となって直接に実施する必要のないもののうち，民間の主体に委ねた場合には必ずしも実施されないおそれがあるもの又は一の主体に独占して行わせることが必要であるものを効果的かつ効率的に行わせるため，この法律及び個別法の定めるところにより設立される法人」（独立行政法人通則法　第２条）をいう。独立行政法人は，「その行う事務及び事業が国民生活及び社会経済の安定等の公共上の見地から確実に実施されることが必要なものであることに鑑み，適正かつ効率的にその業務を運営するよう努めなければならない」（同法　第３条）ことから，法人の業務内容の真実な情報が報告され，この情報に対して適切な事後チェックをする仕組みが必要となる。そのために最も適している会計方法として企

業会計方式が採用されている。同法第37条では「独立行政法人の会計は，主務省令で定めるところにより，原則として企業会計原則によるものとする」とされている。しかし，公共的な性格を有し，利益の分配を目的とせず，独立採算制を前提としない独立行政法人の特殊性を考慮して，いくつかの修正が加えられている。このような考え方で作成された「独立行政法人会計基準」に基づいて，独立行政法人は，貸借対照表，損益計算書，キャッシュ・フロー計算書，利益の処分または損失の処理に関する書類，行政サービス実施コスト計算書等の財務諸表を作成している。

　また，独立行政法人の監査には，

　　①監事による監査

　　②公認会計士または監査法人による監査

　　③内部監査人による監査

がある。

　主務大臣に任命される監事は法人から独立の立場で独立行政法人の業務を監査し，監査の結果に基づき，必要があると認められる時には，法人の長または主務大臣に意見を提出することができる。監事の監査は会計監査のみならず業務全般の監査にわたる。これに対して，一定規模以上の独立行政法人に対して強制される公認会計士による監査は，財務諸表，事業報告書（会計に関する部分に限る）および決算報告書について行われる。

　内部監査人による監査つまり内部監査は，一般に独立行政法人の内部統制の一環として，各法人の内部規定等に基づき設置される組織により実施される。内部監査としては会計経理についての会計監査や事務・事業等についての業務監査が行われる。この内部監査組織を設置するか否かは，地方独立行政法人では内部監査担当部門が設置されるようになったものの，一般的には法人の長に委ねられている。法人の長が当該法人

の特性や規模等を踏まえて内部監査組織を設置せずに，他の方法により内部統制の有効性を確保することもある。

　内部監査は，内部統制の目的をより効果的に達成するための一環として，内部統制の整備および運用状況を検討，評価し，必要に応じてその改善を促すものである。内部監査，監事監査，会計士監査は，それぞれ役割等は異なるが，監査対象領域などで共通する部分もあり，これらが必要に応じて連携することにより，より効率的・効果的な監査が可能になると思われる。

　内部監査は法令に基づかない任意の監査であることから，適切で効果的な監査を実施するためには，内部監査規定においてその位置づけや求められる役割，業務や財産を調査することのできる権限等を明確にすることが重要である。国も内部監査の充実に力を入れており，会計検査院では「政府出資法人等内部監査業務講習会」を開いており，2020年度（令和2年度）は39回目の開催となっている。参加資格は，「政府関係機関，事業団，独立行政法人，国立大学法人等の職員として5年以上の経験があり，年齢が25才以上であり，内部監査業務に従事している者」等の条件を満たすことで，4日間にわたる研修内容は「①会計検査制度，②会計検査と内部統制，③内部統制のフレームワークとリスクマネジメントを活用した取組み，④内部監査の基本構造と整備，⑤内部監査運用事例，⑥財務諸表監査の視点，⑦不正行為と内部監査，⑧最近の監査報告の概要」となっている。

2. 学校法人における内部監査

　学校教育基本法第2条で，「学校は，国，地方公共団体及び私立学校法第3条に規定する学校法人のみが，これを設置することができる」と

規定している。したがって，学校法人といった場合には，私立学校を意味することになる。ここでは私立学校における内部監査についてみてみよう。

　私立学校のガバナンスの仕組みは，理事会が学校運営についての最高意思決定機関であり，理事長は学校法人を代表して，すべての法人業務についての執行責任を負っている。予算，事業計画等については，理事会において，あらかじめ評議員会の意見を聞かなければならない。理事長の下で，教学についての執行機関である学校の長として学長・校長が通常置かれている。

　学校法人の監査には，

　　①私立学校法に基づいて監事が行う監査

　　②私立学校振興助成法に基づいて公認会計士または監査法人が行う監査

　　③法令で強制されるのではなく任意に各法人の内部監査人が行う監査

がある。

　監事が行う監査は会計監査と業務監査の両面がある。公認会計等が行う監査は外部監査で，会計監査である。内部監査も監事監査も会計監査のみならず学校法人の業務が法令を遵守し，効率的・有効的に行われているかの業務監査を行う。両者の基本的な違いは，監事監査が学校法人の会計や業務全般について，学校法人が社会的責任を果たしているか，外部に説明責任を果たしているか等の監査を行うもので，学校法人の外部者の立場で行われるものであるの。それに対して，内部監査は法人の長の命を受けて，法人の会計や業務全般について自己点検を行うものである。

　内部監査が適正に行われ，学校法人における内部統制の状況等につい

て十分な検討・評価が行われていることが，監事監査や公認会計士監査
が有効に行われるための前提であるといえよう。
　学校法人における内部監査の手順は，
　　①年度の監査計画を立て，理事長に提出
　　②理事長の承認後，監査対象に内部監査通知書を送付
　　③内部監査の実施，帳票類の突き合わせ等の監査や，手続きが法令
　　　等を遵守しているか等の監査
　　④監査作業終了後，被監査部署で講評会を実施し，その上で監査調
　　　書を作成
　　⑤監査調書に基づき内部監査報告書を作成，理事長に提出
　　⑥理事長は内部監査報告書に基づき内部監査結果通知書（業務改善
　　　等通知書）を被監査部門に送付
　　⑦被監査部門は業務改善計画書を理事長に提出，改善の実施
　　⑧被監査部門は業務改善結果報告書を理事長に提出
ということになる。
　参考までに学校法人で近年重要と考えられている具体的な監査事項は
次のとおりである。
　　①個人情報保護の状況
　　②学部予算等の執行状況
　　③学内学会の状況
　　④休講・補講の状況
　　⑤物品調達契約の状況
　　⑥研究費の適正な利用に関する状況
　　⑦前年度のフォローアップ
　内部監査組織を設置している学校法人はそれほど多くないようである
が，私立学校法の改正も契機となって増加傾向にある。内部監査は監事

監査や公認会計士監査が効率的に行われるためにも重要であることを改めて指摘したい。

3.　NPO法人における内部監査

　NPO法人とは，特定の公益的・非営利活動を行うことを目的として特定非営利活動促進法に基づいて法人格を取得した法人で，正式には特定非営利活動法人という。ここでいう非営利とは，団体の構成員に収益を分配せず，主たる事業活動に充てることを意味している。

　NPO法人は，改正前の公益法人制度に対し，比較的自由な活動に適した法人格が求められていたことに応えた制度である。NPO法人は所轄庁による認証により設立され，主務官庁によるガバナンスの代わりに，市民への情報公開によるガバナンスを志向している。

　NPO法人が一定水準以上の活動を継続的に行っていくためには，補助金だけでなく，寄付金が安定的な資金源となることが望まれる。そのためにはNPO法人の活動について透明性のある外部報告が求められる。

　NPO法人では，理事および監事は役員と呼ばれ，「理事三人以上及び監事一人以上を置かなければならない」（特定非営利活動促進法第15条）とされている。監事の設置はNPO法人の活動を監視するためである。

　監事は次に掲げる職務を行う。

　　①理事の業務執行の状況を監査すること。

　　②特定非営利活動法人の財産の状況を監査すること。

　　③前二号の規定による監査の結果，特定非営利活動法人の業務又は財産に関し不正の行為又は法令若しくは定款に違反する重大な事実があることを発見した場合には，これを社員総会又は所轄庁に報告すること。

　④前号の報告をするために必要がある場合には，社員総会を招集すること。

　⑤理事の業務執行の状況又は特定非営利活動法人の財産の状況について，理事に意見を述べること。

　法令によるNPO法人のモニタリング機関としての監事に加えて，監事による監査を効率的に進めるには，内部監査機関が置かれることが望まれる。NPO法人の運営は，市民の信頼を得て，市民によって育てられるべきであるという考えがとられている。また，NPO法人の信用は，法人としての活動実績や情報公開等によって，法人自らが築いていくことになる。したがって，法人の事業評価や説明責任（アカウンタビリティ）の解明のために情報公開はNPO法人の成否を決める極めて重要な事項となる。その意味でも，NPO法人における内部監査組織の整備が急務であるといえよう。

【学習課題】

1．独立行政法人の監査制度についてまとめなさい。
2．学校法人ではどのような内部監査が行われているか説明しなさい。
3．NPO法人においてなぜ内部監査が重要なのか説明しなさい。

参考文献

非営利法人会計研究会編『非営利組織体の会計・業績および税務―理論・実務・制度の見地から』関東学院大学出版会，2013年。

15 | 内部監査の将来像

蟹江　章

《**学習のポイント**》　本章では，組織を取り巻く環境が大きく変化する中で，内部監査には今後どのような役割が期待されるのか，そしてその役割を果たすために，内部監査人または内部監査部門に何が求められるのかについて考察する。
《**キーワード**》　二重管理機能，会計監査，継続的モニタリング，リスク・アプローチ，コーポレートガバナンス

1. はじめに

　ここまでの各章では，現代の内部監査の役割，機能，手続などについて，事例も取り上げながら説明してきた。内部監査の基本的な役割は，企業のような組織の経営目的の達成を支援することにある。そして，そのために，リスクを考慮しながら業務に対するコントロールの機能を検証し，経営者に対して，有効性についてアシュアランス（保証）を提供する。また，コントロールに不備があれば，改善のための助言や勧告を行うことも，内部監査の基本的な機能の1つである。

　本章では，組織を取り巻く環境の変化と，これにともなう内部監査の役割ないし機能に対する期待の変化などを勘案して，今後，内部監査がどのような姿を目指すべきなのかについて考えてみたい。

2. 会計業務の監査

　黎明期の内部監査は，会計および財務的事項が主たる監査対象とされており，業務的性質の事項は副次的な対象とされていた。そして，内部監査の機能については，組織内に設けられる様々なコントロール機能の有効性を独立的に評価する，もう一つのコントロール機能と位置づけられていた。すなわち，内部監査は，利益を獲得するための主要な経営活動を管理する機能と，そうした管理機能の状況を客観的に評価する機能からなる「二重管理機能」のうち，後者の機能を担うものと見られていたのである。

　しかし，その後の内部監査の展開において，マネジメントへの役立ちという点が強調されるようになり，監査対象については会計や財務に関わる事項が後退し，むしろ経営業務に関わる事項が主たる監査対象となっていった。また，内部監査の機能は，コントロールの有効性を評価するということから，組織の運営に価値を付加したり，活動を改善したりすることにあると考えられるようになったのである。すなわち，内部監査は，間接的であることに変わりはないが，利益獲得に対して，以前よりも積極的に関わる機能であると考えられるようになったのである。

　マネジメントへの役立ちあるいは付加価値の提供という観点が強調されるようになるに従って，内部監査のコンサルティグ機能が前面に出てくるようになった。IIAの内部監査の定義にはコンサルティング活動が明示されているし，わが国の『内部監査基準』においても，アドバイザリー業務というやや控えめな用語ではあるが，コンサルティング機能を意識した業務が掲げられている。

　ところが，21世紀に入って大規模な不正会計が相次いで発覚したことにより，特に財務報告の信頼性を確保するための内部統制の充実が強く

求められ，各国でいわゆる内部統制報告制度が制定された。グローバル市場経済においては，適正な財務情報の公表を通じて経営の透明性を保持することが，経営目的を達成するための重要な要件となっている。このため，内部監査には，財務報告の信頼性を確保するために構築される内部統制の有効性を独立の立場で評価するという役割が，それまでにも増して大きく期待されるようになったのである。

　わが国でも不正会計が相次いでおり，公認会計士監査，監査役（会）／監査（等）委員会の監査および内部監査が有機的に連携しなければ，財務報告に対する信頼を回復することが難しい状況となっている。こうした中で，内部監査にあっては，もう一度原点に立ち返り，会計および財務的事項に関わるコントロールの有効性を評価するという機能にも目を向ける必要があると考えられるのである。

　財務情報の作成プロセスに対するコントロールには，経営者が一義的な責任を負っている。適正な財務情報の作成と公表はマネジメントの一部であり，マネジメントへの役立ちを重視する現代的な内部監査の対象範囲にも含まれる事項である。グローバル市場経済においては，会計・財務業務は極めて重要な経営業務であり，その有効性は，経営目的の達成にも大きな影響を及ぼす。内部監査には，公認会計士による財務諸表監査の補助的な業務としてではなく，組織に価値を付加する業務としての会計監査の実施が求められるのである。

　なお，組織の業務は，例えばIT化の進展など，内部監査の黎明期とは様相を大いに異にする点があることから，"先祖返り"ではなく，現代の組織運営に適合した監査対象の設定と監査機能の認識において，確かな進化が求められることはいうまでもない。

3. プロセスの監査

　経営者は，経営目的を達成するために，各業務部門に経営業務を有効かつ効率的に実施させなければならない。このために経営者は，必要なコントロールの仕組みを構築し，適切に運用する必要がある。そして，内部監査部門に対して，コントロールの整備および運用の状況を監査して報告するよう指示する。内部監査部門は，コントロールの仕組みが適切に構築されているかどうかを評価するとともに，実際に業務を効果的にコントロールできているかどうかを評価して報告しなければならないのである。

　コントロールの仕組みは，内部統制という形で，上場株式会社のような大規模企業を中心に構築・整備が進んでいる。しかし，形として整備されてはいても，実態として十分に機能していないケースが散見される。不正会計や製品の品質偽装などの事件では，内部統制の不備や脆弱性が原因の1つとして指摘されている。内部統制には限界があるため，内部統制だけでこうした事件をすべてなくせるわけではないが，仕組みを作っただけでは不十分だということは明らかである。

　内部統制については，個々の組織のレベルでは多少の差異があるのだろうが，全体として見れば，コントロールの仕組みをいかに構築するか，あるいは必要なコントロールが構築されているかどうかを議論する段階から，コントロールのプロセスが適切に運用されているか，環境変化に対応して，必要な改善や機能の向上が図られているかを検証・評価する段階に移行しつつあると認識するべきであろう。

　これにともなって，内部監査の対象も，ルールや手続マニュアルの作成などといったコントロール"システム"の整備状況から，ルールの適用や手続の実施などのコントロール"プロセス"の運用状況へと重点を

移していく必要がある（図15－1）。IIAの『専門職的実施の国際フレームワーク』（IPPF）でも，内部監査とは，組織の経営目的の達成を支援するために，リスク・マネジメント，コントロールおよびガバナンスの各プロセスの有効性の評価・改善を行うことであるとされている。

図15－1　監査対象の重点移行

　プロセスの有効性を評価するためには，書類や記録を調査するだけではなく，コントロールの実態を把握しなければならない。このためには，定期的なモニタリング（いわゆる往査）だけでなく，継続的に業務およびコントロールの状況をモニタリングすることが必要になるであろう。今後，継続的モニタリングあるいはオフサイト・モニタリングというアプローチの重要性が高まってくることが予想される。内部監査部門にとって，監査資源とりわけ人員が限られる中で，継続的なモニタリング体制をどのように構築・維持していくかが，IT活用の高度化などを含めて，今後の大きな課題となろう。

4. 内部監査人の専門的能力

　内部監査が組織の経営目的の効果的な達成を支援するという機能を果たすためには，内部監査人は，組織の経営目的を正確に理解することはもちろん，経営環境の変化を的確に捉えて，経営業務に対するコントロールへの影響，そして，内部監査のプロセスへの影響を分析する能力が要

求されるであろう。

　例えば，経営環境が厳しくなれば，コントロールの有効性を損なうような状況が生まれる恐れがあり，不正リスクが大きくなるかもしれない。内部監査人は，直面している環境変化がコントロールの有効性に影響するかどうか，するとすればどのような影響かを分析し，こうした影響を考慮するために監査項目や監査手続を変更ないし追加する必要があるかなどについて的確に判断できなければ，適切な監査結果を得ることはできないであろう。

　監査対象がどのような性格をもち，環境変化によってどのような影響を受ける可能性があるかについて分析できるように，内部監査人は，監査対象組織の経営内容や業務に関する高度な専門的な知識と理解を要求される。加えて，内部監査の主眼がシステムの整備状況の検証からプロセスの運用状況の検証へと移っていくと，単に知っているという意味での知識や理解では十分ではなく，プロセスの有効な運用を裏づけられる知識と理解が必要になるだろう。

　2015年に制定されたコーポレートガバナンス・コードは，監査役には，財務・会計に関する十分な知見を有している者が1名以上選任されるべきであるとしているが（原則4-11），監査（等）委員会を置く会社においては，社外取締役に対しても同様の要求がなされるであろう。内部監査が，公認会計士，監査役（会）／監査（等）委員会と有機的に連携して財務・会計業務の監査を充実させていくためには，内部監査人に対しても，財務および会計に関する専門的な知識と理解が要求されることになろう。

　もちろん，内部監査部門に公認会計士と同じ会計監査を求めるわけでも，内部監査人に公認会計士と同等の専門的能力を要求するわけでもない。しかし，せめて複式簿記の仕組みくらいは理解している必要があろ

う。できれば，財務諸表や会計帳簿を見て，明らかに異常な項目に気づ
くとか，会計基準がどのような会計処理を求めているかを知っていると
いった程度の知識や理解があることが望ましい。

5. リスク・アプローチ監査

内部監査に費やすことのできる経営資源（時間，人員，予算など）は
限られている。また，経済活動のグローバル化が進み，企業間の利益獲
得競争が厳しさを増す中で，この先，内部監査部門のように，直接利益
を生まないスタッフ部門に対する経営資源の配分が，大幅に増えること
は期待できない。このため，内部監査部門は，効率的に監査を実施する
ことによって，期待される機能を果たさなければならない。

一方で，経営目的の達成を阻害するリスクの早期認識やリスクに対す
るコントロール機能の改善などにおいて，内部監査にかかる期待はます
ます大きくなるであろう。高まる期待に応えるために，内部監査部門は，
監査の有効性を維持しつつ，監査プロセスの効率化をさらに一層推し進
めなければならない。

効果的な監査を効率的に実施するための監査手法として，「リスク・
アプローチ」と呼ばれる手法がある。この手法によれば，監査資源は，
監査項目に関わるリスク（業務上の不正や非効率などのリスク）の大き
さを基準として，戦略的に配分されることになる。リスクが小さく，経
営目的の達成に重要な影響を及ぼさないと判断された監査項目に対して
は，監査資源の配分を控えめにして節約を図り，リスクの大きい項目へ
の重点的な資源配分によって，重大な目的達成の阻害要因を確実に捕捉
しようというのである。

図15－2　リスクの大きさと監査資源の配分 (図8－2 再掲)

　限られた資源ですべての業務を網羅的に監査することはできないし，コントロールに関する不備や問題点をすべて発見することもできない。ターゲットを絞って，本当に重要なものだけに的を絞るか，あるいは重要なものだけは見逃さないという姿勢で監査に臨むというのが，リスク・アプローチの基本的な考え方である。今後は，リスク・アプローチに基づく監査の実施を徹底し，監査資源の効率的な配分によって監査の有効性を確保する必要がある。

　例えば，不正会計や製品の品質偽装などのように意図的に行われる不正は，それを防止・発見するためのコントロールが機能しにくいため，大きなリスクが認識されるであろう。また，複雑な業務は適正に遂行されるようにコントロールするのが難しく，非効率になるリスクが大きいかもしれない。逆に，定型的・反復的な業務は比較的コントロール機能が働きやすく，不正や非効率が効果的に防止・発見される状況が確保されるかもしれない。

　リスク・アプローチに基づく監査の成否は，リスクをいかに的確に評価するかにかかっている。すなわち，監査資源を重点的に配分して厳格な監査手続を実施すべき監査項目と，それほど厳格に監査する必要のない項目とを的確に区別しなければならないのである。特に，リスクを過

小評価すれば，内部監査が不正や非効率を見逃すリスクが大きくなり，ひいては経営目的の達成を支援するという役割を果たせなくなる恐れもある。

　リスク評価の精度を高めるために，内部監査人には，監査対象となる業務に対する理解力，情報の収集力および分析力，リスクに対する洞察力および感性，コミュニケーション能力など，様々な面において能力の向上が要求されるであろう。こうした能力を備えた内部監査人を育成するのは，内部監査部門長の役割であり，内部監査部門としてリスク評価の精度を高められる体制を整備する必要がある。

6. コーポレートガバナンスの支援

　2014年の会社法改正によって，監査等委員会設置会社という新しい株式会社の形態が導入された。上場会社のような大規模な株式会社は，監査役会設置会社と指名委員会等設置会社（2014年の会社法改正以前は委員会設置会社）を合わせた3つの中から会社の形態を選択することになった。わが国の上場会社は，大半が監査役会設置会社という形態を採用してきた。しかし，改正会社法や2015年に適用が始まったコーポレートガバナンス・コードが，複数の社外取締役の選任を求めていることから，構成員の過半数が社外取締役でなければならない監査委員会または監査等委員会を設置する会社形態を採用する会社が増えている。

　内部監査部門は，通常，最高経営者に直属し，経営目的の達成に向けて業務の有効性や効率性が十分に確保されていること，業務のコントロールが有効に機能していることについて，最高経営者にアシュアランスを提供する。監査役会設置会社では，必ず常勤の監査役が選任され，最高経営者を含む取締役の職務執行の状況を自ら監査する。このため，

204

内部監査部門は，監査役のスタッフ的な機能を果たす場合もあるが，主として最高経営者のために，業務部門におけるコントロールの有効性について監査することになる。

　これに対して，監査委員会および監査等委員会（以下，2つを合わせて「監査（等）委員会」という）は，監査役会と同様に最高経営者の職務を監査する。しかし，これらの会社において常勤の委員を選任するかどうかは任意であり，また，監査（等）委員は自ら監査手続を実施するのではなく，会社の内部統制や内部監査を活用して間接的に監査を行う。つまり，内部統制や内部監査から伝えられる情報に基づいて，最高経営者などの職務の執行状況を監査することが想定されているのである。

　『内部監査基準』によれば，内部監査部門は，組織上最高経営者に直属するとされているが，職務上は取締役会から指示を受け，監査役会や監査委員会などを含むガバナンス機関に対しても監査結果を報告することとされている（図15－3）。

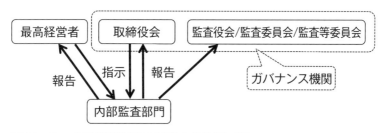

図15－3　内部監査部門の組織上の位置づけ (図7－1 再掲)

　内部監査部門による監査結果の報告先は，直属の上司である最高経営責任者から，その業務執行を監督する取締役会等へと拡張されている。今後，委員会設置型の会社がさらに増えてくれば，業務執行を行わない社外取締役を主体とする監査（等）委員会という，いわゆるガバナンス

機関へと内部監査結果の主たる報告先が移行する可能性がある。

　最高経営者に報告してもガバナンス機関に報告しても，会社の経営目的の効果的な達成の支援という，内部監査の役割が変わるわけではない。しかし，報告先の違いは，報告の意味に違いをもたらすであろう。前者は，マネジメントへの役立ちという観点からの報告であり，最高経営者のために，業務部門におけるコントロールが有効に機能しているかどうかを報告する。これに対して，後者は，ガバナンス機能の支援を目的とするものであり，最高経営者が業務部門を適切にコントロールし，有効かつ効率的なマネジメントを行っているかどうかを，ガバナンス機関が判断するための情報を伝達するのである（図15－4）。

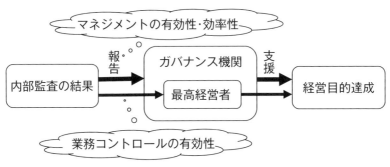

図15－4　内部監査結果の報告と経営目的の達成支援

　経営目的を達成するために経営活動をコントロールするのはマネジメントだが，マネジメントの有効性と効率性を高めるためのバックアップとして，コーポレートガバナンスの存在が大きくなっている。マネジメントが果敢にリスクを取ることができる環境を作り，また，不正会計や品質偽装などを起こさないようにリスク・マネジメントやコントロールの有効性をモニタリングし，場合によっては，マネジメントの行動を是

正するのがコーポレートガバナンスの役割である。そして，これら両者の機能を支援するのが，内部監査の役割となるのである。

　内部監査部門がコーポレートガバナンスに対する支援を求められると，ガバナンス機関，とりわけ社外取締役が多数を占める監査（等）委員会との関係が強くなる。内部監査部門は，例えば，業務に対するコントロールの不備，不正あるいは非効率な業務などを，ガバナンス機関に直接報告するといった，最高経営者に直属する場合とは異なる役割を求められるかもしれない。しかし，これによって，ガバナンス機関が経営者に対して不備や不正などの改善を求め，結果的に有効なマネジメントを実現することができれば，内部監査は，その役割を果たしたと認められることになるのである。

7．まとめ

　内部監査は，当初，会計および財務的事項を主たる監査対象として普及し始めたが，その後，組織におけるその他の経営業務に対象を広げ，さらには，会計以外の業務の有効性や効率性を高めるための，アドバイザリー業務に主眼が置かれるようになっていった。

　しかし，グローバル市場経済の進展にともなって財務報告の重要性が増す中で，不正会計が相次いで発覚している現状に鑑み，内部監査は，もう一度原点に立ち返って，経営業務監査の一環としての会計監査機能を再認識する必要がある。

　また，限られた監査資源を効率的に活用して有効な監査を実施するために，リスク・アプローチ監査を徹底する必要もある。リスク・アプローチを効果的に実施するためには，リスク評価の精度を高める必要があり，内部監査人には，会計を含む業務に関する知識と理解，情報の収集・分

析能力，洞察力などの能力が求められる。

　今後，わが国でも，社外取締役を主体とする監査（等）委員会による
コーポレートガバナンス体制が普及・定着すると，内部監査には，コー
ポレートガバナンスの支援という役割が大きく期待されることになろ
う。内部監査部門は，最高経営者によるマネジメントの有効性を含めて，
組織全体の活動が，経営目的の達成に向けて効果的に実施されているこ
とについてアシュアランスを提供するという，重要な役割を果たしてい
かなければならないのである。

【学習課題】

1．組織を取り巻く経営環境の変化に対応して，組織の経営目的の達成
　　を支援するという役割を果たすために，内部監査は今後どのように進
　　化する必要があるかについて，身近な組織を例として考えなさい。
2．内部監査人および内部監査部門の専門的能力を向上させるために，
　　具体的にどのような方法があるか考えなさい。
3．内部監査に関しては，「経営者のための監査」であるべきとする考
　　え方と，「経営者の監査」に変わっていくべきだとする考え方がある。
　　これらの立場について，あなたの考えをその理由とともに整理しなさ
　　い。

208

索引

●配列は五十音順

著者紹介

齋藤　正章（さいとう・まさあき）
・執筆章→ 1・5・12・13・14

1967年　新潟県に生まれる
1990年　早稲田大学社会科学部卒業
1995年　早稲田大学大学院商学研究科博士課程単位取得退学
現在　　放送大学准教授
専攻　　会計学・管理会計
主な著書　コーポレート・ガバナンス（共著　放送大学教育振興会）
　　　　　管理会計（放送大学教育振興会）
　　　　　ファイナンス入門（共著　放送大学教育振興会）
　　　　　株主価値を高める EVA®経営　改訂版（共著　中央経済
　　　　　社）
　　　　　簿記入門（放送大学教育振興会）

蟹江　章（かにえ・あきら）
　　　　　　　　　　　・執筆章→2・3・4・6・7・8・9・10・11・15

1960年　　愛知県に生まれる
1989年　　大阪大学大学院経済学研究科博士後期課程修了
現在　　　青山学院大学大学院会計プロフェッション研究科教授，北
　　　　　海道大学名誉教授，博士（経営学）
専攻　　　監査論
主な著書　現代監査の理論（森山書店）
　　　　　監査報告書の読み方（創成社）
　　　　　会社法におけるコーポレート・ガバナンスと監査（編著
　　　　　同文舘出版）
　　　　　監査論（共編著　中央経済社）
　　　　　監査論を学ぶ（共著　税務経理協会）
　　　　　ガバナンス構造の変化と内部監査（編著　同文舘出版）

放送大学教材　1539337-1-2211（テレビ）

改訂版　現代の内部監査

発　行　　2022年3月20日　第1刷

著　者　　齋藤正章・蟹江　章

発行所　　一般財団法人　放送大学教育振興会

　　　　　〒105-0001　東京都港区虎ノ門1-14-1　郵政福祉琴平ビル

　　　　　電話　03（3502）2750

Printed in Japan　ISBN978-4-595-32342-3　C1334